잔소리
지침서

정용주

세상을 즐겁게 바라보는 시선 속에서 따뜻한 웃음을 나누는 잔소리꾼입니다.

함께 나누고 싶은 인생의 작은 울림

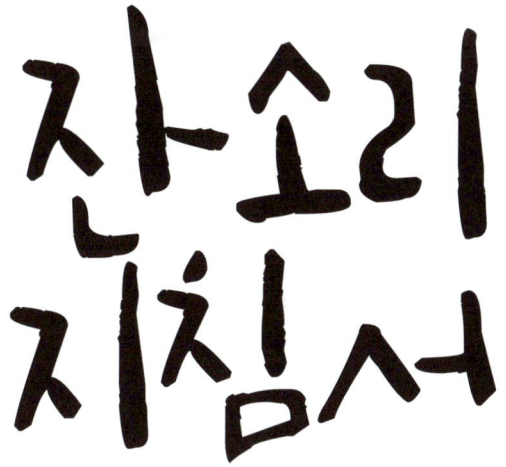

잔소리 지침서

글 정용주

HOLIDAYBOOKS

잔소리도 사랑이다

살다 보면, 우리는 잔소리와 조언을 수없이 듣는다.

내가 생각하는 잔소리는, 내가 묻거나 부탁하기 전에 미리 정해 놓고 쉼 없이 쏟아내는 말이다.

반면, 조언은 내가 직접 찾아가 물었을 때, 삶에 도움이 되는 진심 어린 이야기를 해주는 것이다.

이 책 속에는 잔소리도 있고, 조언도 있다. 그러나 그것을 구분하는 것이 중요한 건 아니다.

어떤 말이든, 누군가의 마음에 닿아 작은 울림과 생각거리를 남긴다면, 그 자체로 의미가 있다고 믿는다.

나는 앞으로도, 집에서든, 지인들과의 자리에서든, 이런 잔소리를 계속할 것이다.

그리고 그것을 이해해주는 이들에게, 이 책이 '나만의 잔소리 지침서'가 되기를 바란다.

이 책이 세상에 나오기까지 많은 분들의 손길이 있었다. 아내와 가족들, 곁에서 늘 힘이 되어준 지인들께 깊이 감사드린다.

특히 학연문화사의 권 선배님과 가족분들께, 아무것도 아닌 아마추어 글을 이렇게 아름답게 만들어 주신 은혜에 마음 깊이 감사를 드린다.

내 바람은 단순하다.

이 책을 읽는 독자들이 내 인생 속 잔소리와 조언의 일부가 되어, 함께 웃고, 때로는 함께 고민하며, 인생을 조금 더 따뜻하게 채워 가는 것이다.

책 속에는 '사과'에 관한 이야기가 있다.

내가 죽기 전에 모든 사과를 돌렸다는, 다소 엉뚱하지만 정겨운 이야기다.

그처럼 우리 인생도 알알이 영글어, 맛있고 깊은 향이 나는 과일 같은 하루하루가 되었으면 한다.

이렇게 또 한 번 잔소리를 하며, 진심으로 말한다.

감사합니다, 독자 여러분.

2025년 9월

정 용 주

잔소리도 사랑이다 ……………… 4   나는 어디에 속할까요 ……………… 67

제1장 관계, 더 많이 아끼기
위한 사랑의 잔소리

사과 한 상자………………………… 10
작은 케이크………………………… 12
누죽걸산…………………………… 14
납골묘 가을이 ……………………… 16
덜그럭 부스럭……………………… 18
식구회 19기………………………… 20
살아있다는 것은 …………………… 24
오래될 수록 좋은 것 ……………… 27
다정하게 마음 속 안부 묻기 ……… 28
눈치 코치…………………………… 29
미운 놈 떡 하나 더 ………………… 30
문 앞을 보고………………………… 31
마이크 양보 하기 ………………… 32
기억………………………………… 33
멋진 고집쟁이의 농사……………… 36
내 마음의 집………………………… 38
남매지간? 부부지간!……………… 40
너였구나!…………………………… 41
즐겁고 아름다운(?) 치매…………… 43
반려라는 이름의 원원……………… 45
귀소본능…………………………… 47
비오는날 우산을 같이 쓰면 연인이 되고 …49
아부지, 오늘 잠깐 들를게요………… 51
우리 엄마…………………………… 53
환갑………………………………… 55
그렇죠, 노는게 좋죠 ……………… 57
집 나갈래요………………………… 59
너 몇 살이야?……………………… 61
그냥 사람 만나봐 ………………… 62
이렇게 만나………………………… 63
진정한 나의 사람 ………………… 64
하소연하기 전에 ………………… 65
서툴어도 괜찮아…………………… 66

제2장 나, 내 안의 가장
지독한 잔소리꾼

신호등……………………………… 70
삶 속에서 찾은 '찐' 명품…………… 73
삼척 아닌 '삼척' …………………… 75
빨리, 느리게 3초야! 3초!…………… 77
명품같은 삶………………………… 79
분유 전쟁…………………………… 80
쉬엄쉬엄 두런두런 ………………… 83
나는 자연인이다…………………… 84
대상포진…………………………… 85
쪽팔림 대신 용기 ………………… 87
젊은이가 되고 싶다! ……………… 89
진짜 오복은 뭘까? ………………… 90
걱정 반, 우려 반 …………………… 92
돌아서지 말고 앞으로 ……………… 94
마음의 기상청 예보………………… 96
몸춘 마청…………………………… 98
가장 어려운 '나를 알기' …………… 100
심행일치…………………………… 101
가슴이 후련하게 ………………… 102
뒤로 걷기…………………………… 103
나는 행복합니다 ………………… 105
눈물의 맛…………………………… 107
욱하는 감정………………………… 109
말, 말, 말…………………………… 110
본연의 맛…………………………… 111
범사에 감사………………………… 112
적당함으로 알맞게 ……………… 113

제3장 일, 일 속에서 얻게되는 소중한 잔소리

그냥 냅둬유 …………………… 116
하기 전과 하고 난 후 …………… 118
이게 되네? …………………… 120
쓸만한데? …………………… 122
과거타령 …………………… 123
못 먹어도 고 …………………… 124
뭘 찾으세요? …………………… 125
조심 또 조심 …………………… 126
여성상위시대 …………………… 128
명태와 명퇴 …………………… 130
중심 …………………… 133
왜 좋은지 알아? …………………… 134
LA 폭동 …………………… 135
나 참 더러워서!! …………………… 136
사고의 대부분 …………………… 138
작은 우물의 맛 …………………… 140
과감한 불혹의 유혹 …………… 141
우리 가족이 먹을 거란 생각 …… 143
사람 속으로 …………………… 145
설득의 힘 …………………… 147
대상부보다 선문가 …………… 149
리더의 트렌드 …………………… 150
잔돈 때문 …………………… 151
첫 출근 …………………… 152
기대어 …………………… 153
동행표 함께라면 …………………… 154
사람이 가장 큰 재산 …………… 155
박수 칠 때 떠나기 …………… 156
다 태워 먹겠네! …………………… 158
쑥개떡 …………………… 159
가지치기 …………………… 161

제4장 사회, 세상이라는 거대한 잔소리꾼

문턱 …………………… 164
아나 디지로그 …………………… 166
꿈의 다리 …………………… 168
찰칵 …………………… 171
꼭 현금이 …………………… 173
함께하는 나눔 …………………… 174
그건 상식이잖어 …………………… 176
건배사는 젊은 사람 먼저 …………… 177
아직도 나와? …………………… 179
방심은 폭망으로 …………………… 181
팔도 사나이 …………………… 183
무엇을 해줘야 하는지 …………… 185
나의 남편 호규씨 …………………… 189
며느님 …………………… 192
아름다운 심판자 …………………… 194
토끼나라의 사자, 사자나라의 토끼 … 196
위치 비용 …………………… 198
잔소리는 좀! …………………… 199
인재가 그리 없나 …………………… 200
동네 사랑방 …………………… 201
합송연횡(合從連衡) …………………… 203
꼰대의 근원 …………………… 205
종이 울릴 때까지 …………………… 207
녹빕의 열망 …………………… 208
'식'은 에너지입니다 …………… 210
구멍가게 경제 …………………… 211
죽겠다는 아우성 대신 …………… 212
마음의 덕 …………………… 213
우리의 소원 …………………… 214
틀린 것과 다른 것 …………………… 215
목숨과 직언 …………………… 216
사관학교 …………………… 217
총장이 될 자격 …………………… 219

제1장

관계
더 많이 아끼기 위한
사랑의 잔소리

사과 한 상자

"어떻게 지내시나요, 별일 없으시죠?"

"아~~ 예, 잘 지내고 있습니다."

"어떠세요?"

"예, 그냥 괜찮습니다."

전화를 받은 사람이 고개를 갸우뚱하면서 통화를 끊었습니다.

며칠 후 전화한 사람이 좋은 사과 한 상자를 택배로 보냈습니다. 그런데 그 후 2달 정도가 지나 친구가 그 사람에게 받은 문자를 읽으면서 눈물을 흘리며 한숨을 길게 쉬는 것입니다.

"그동안 고맙고 감사드립니다.

저는 이곳을 떠나 세상에서 가장 편안한 곳에 먼저 가 쉬기로 했습니다.

그간 저에게 베풀어준 은혜에 감사드리고 부족했던 부분과 실수한 부분은 사과드리며 너그러운 이해도 바랍니다."

그는 이러한 글로 자신의 인생을 알린 것입니다.

자신의 삶에서 맺은 인연을 존귀하게 여기고 그간의 삶에서 맺은 인연을 아름답게 정리한다는 것은 쉽지 않은 모습입니다. 사과 한 상자에 들어있는 인연의 맛과 깊이는 어느 정도일까요? 나도 인생을 정리할 때 얼마나 많은 사과를 보낼 수 있을지……. 좋은 인연이든, 상처받은 인연이든, 놓지 못해 마지막까지 잡고 있어야 할 애틋하고 안타까운 인연이든, 생의 마지막에는 모든 것을 다 내려놓는다고 하는데 어떻게 내려놓을지는 사람마다 다를 수 있습니다.

아름다운 마감…….

사람들이 가장 즐겨 먹는 과일이 사과라고 하는데, 자신이 살아온 일상의 시간을 가장 잘 나타낼 수 있는 방법이라는 의미도 포함되지 않았을까요? 사과 한 상자에 우리네 인생도 다 들어갈 수 있을까요? 사과 한 알 한알에 어떤 사연과 내용들을 묻어서 포장할까요? 삶의 인연이 모두 소중하다면, 내 삶의 아름다운 사과를 만들기를 원한다면, 오늘도 스스로 사람과의 관계에 정성을 다하는 내일을 만들어봐야 하지 않을까요?

인생 사과 한 입 꽉 베어 물면 더 잘 알 수 있지 않을까요?

작은 케이크

"오늘 음식이 참 맛있네."

여러 가지 음식을 시켜 놓고 이런저런 이야기를 나누는 사이, 식당 사장님이 조심스레 작은 케이크를 들고나왔다

"아, 오늘 생일인 분이 계신다고 해서요. 자주 오셔서 저희가 준비해봤습니다."

갑작스러운 선물에 모두 '깜놀'했고, 사장님이 조명을 끄려 하자 생일을 맞은 분이 조심스럽게 말을 꺼냈다.

"아이, 그러지 마세요. 여기 계신 분들 모두가 함께 드셔야 하는 케이크예요. 이렇게 준비해 주셔서 정말 감사합니다. 항상 모든 분들 건강하시고, 이 가게도 대박 나시길 바랍니다."

그리고 촛불을 후 하고 불어 껐다. 그리고 나이프를 들어 케이크를 나누어 가게에 오신 손님들에게 골고루 나눠주었다. 손님들은 케이크를 받으며 "아유, 고맙습니다. 축하드립니다."라며 같이 덕담을 나누고 인사를 건넸다. 그리고 "남은 거는 다 그 식구들이랑 같이 드세요."라며 케이크를 가게에 있는 모든 분들과 나눠 먹게 되었다.

보통 사람들은 생일이라고 하면 근사한 레스토랑이나 분위기 있는 카페를 떠올린다. 분위기, 맛, 가격 모두 '이벤트'를 만들어내려 한다. 하지만 동네의 작은 식당에서, 익숙한 지인들과 함께, 삼겹살과 닭볶음탕, 골뱅이무침처럼 일상에서 흔히 먹는 음식들을 앞에 두고 나눈 소박한 자리였다. 음식보다, 장소보다 더 중요한 건 바로 함께하는 사람들임을 새삼

느꼈다.

우리는 종종 특별한 날을 위해 특별한 무언가를 준비하려 한다. 하지만 사실 가장 큰 의미는 그 특별함이 아니라, 평범한 일상에서 서로를 마주하고 나누는 따스함 아닐까.

'자주 가는 식당'이 '가장 소중한 자리'가 되고, '흔한 음식'이 '가장 특별한 맛'이 되기도 한다. 그 자리를 함께 나누는 사람들과의 웃음, 덕담, 따뜻한 말 한마디가 그 무엇보다 값진 맛이 될 것이다. 오늘처럼 작은 케이크 하나에도 감사할 줄 알고, 익숙한 공간에서 서로의 안부를 물으며 축하를 마무리하는 것. 그것이야말로 진짜 '소중한 순간'이 아닐까. 내 삶에서 가장 가까운 곳에 있는 사람들, 늘 곁에서 호흡하는 사람들이야말로 내게 가장 귀한 존재임을 느낀다.

소중함은 멀리 있지 않다. 언제나 내 곁에 있다. 일상의 소중함이 많다는 것은 내 삶의 풍요로움도 함께 있다는 걸까? 나에게 행복을 주는 이분들과 오래도록 같이, 같이 하고 싶다.

왜냐고요? 다들 아시면서^♡^.

오늘도 행복하세요.

누죽걸산

"야, 사진 좀 찍고 가! 뭐 그렇게 빨리빨리 걸어가냐?"

"아이, 둘이는 사진도 안 찍고 그냥 가네!"

"왜 그래? 천천히 올라가서 찍으면 되지. 뭘 그렇게 바빠?"

"누우면 죽고, 걸으면 산다."

산행하는 이들이 종종 말하는 구절이다. 나이가 들수록 몸을 움직이지 않으면 금방 약해진다. 산을 오르는 것이 단순한 취미가 아니라, 건강을 지키기 위한 행동이 되는 이유이다. 사람들은 건강이 가장 중요하다고 말하지만, 정작 건강을 유지하는 것은 쉽지 않다. 세상에는 건강을 빼앗아 가는 것들이 너무 많다. 음식도 그렇고, 환경도 그렇고, 심지어 주변에서 권하는 것들 중에도 건강을 해치는 것들이 있다. 술, 담배와 스트레스 등 유혹하는 것들은 말할 수도 없이 많다. 산을 찾는 이유도 여러 가지겠지만, 결국에는 건강이 아닐까? 가족과의 약속이나 함께하는 즐거움 등도 있긴 하지만.

어제 몇몇 친구들과 함께 관악산 칼바위로 등산을 갔다. 차근차근 올라가던 중, 오랜만에 산에 오른 친구 하나가 약간 뒤에서 오기에 우리는 자연스럽게 속도를 맞추며 대화를 나누었다.

"야, 어떠냐?"

"오랜만에 오니까 좀 힘들긴 해. 그래도 걸을 만은 해."

"이렇게 한 걸음 한 걸음 걷다 보면, 산도 좋아지고 건강도 좋아질 거야."

산행을 마친 후 김치찌개와 곰탕을 먹으며 서로의 얼굴을 바라보면서 뜨거운 국물에 소주를 한 잔 마시니 그 맛이 최고였다.

"야, 한 잔 더 하러 가자!"

몇몇 친구들은 예전에 다녔던 학교 근처의 음식점으로 향했고 약속이 있는 친구들과는 먼저 헤어졌다.

나도 산행이 언제까지 계속될지는 모르겠다. 75세쯤 되면 그만두는 경우가 많다고 하지만, 80세, 90세까지도 함께할 수 있다면 좋겠는데. 그러려면 아직 준비해야 할 것들이 많다. 그중에서도 가장 중요한 것은 역시 꾸준히 걷고 운동하는 것이다.

"야, 조금만 마시고 가라. 술 너무 많이 마시면 집사람이 싫어할 거야."

그렇게 걱정하면서도, 한편으로는 이렇게 마실 수 있는 것이 건강하다는 생각도 든다.

"네 것까지 다 마시지 말고 조금만 남겨놔라. 다음 달에 또 보는 거지!"

"그래, 그래. 조심히 가!"

우리는 꽉 잡은 손을 놓으며 헤어졌다. 아마 걔들은 지금쯤 이렇게 이야기하며 술을 마실 거야.

"야, 오늘 산행 힘들긴 했어도 정말 재밌었다. 그래, 그래. 자자. 한잔해!"

먼저 오기는 했지만, 내 마음은 이미 그들의 술잔 속에서 같이 놀고 있었다.

캬!!!!!

친구야~~ 쥑인다^♡^

납골묘 가을이

"왜 그래, 앙헬*?"

앙헬이가 코를 벌름거리며 주위를 두리번거렸다. 그러더니 갑자기 목줄을 앞으로 당기며 뛰려는 자세를 취한다. 멀리서 조그마한 강아지 한 마리가 총총거리며 다가오는 게 보였다. 가을이었다. 가을이도 우리 앙헬을 보더니 마구 달려오기 시작했다. 둘은 만나기만 하면 이리 뛰고 저리 뛰며 반가움을 온몸으로 표현한다. 우리 앙헬은 암놈이고, 가을이는 수놈이라 그런지 유독 더 친근한 모습이다. 강아지들에게도 남녀 간의 교감이 있는 걸까? 마치 사람처럼.

가을이의 주인은 중년의 아저씨다. 언제나 강아지와 함께 용왕산을 오르내리며 산책을 즐긴다.

"오늘도 일찍 나오셨네요?"

"그럼요, 가을이 산책은 하루 두 번은 꼭 하죠."

"가을이는 참 복이 많네요. 이렇게 좋은 주인을 만나서."

"사실 이 녀석, 처음부터 이렇게 행복했던 건 아니었어요."

"무슨 사연이 있어요?"

"가을이는 원래 유기견이었어요. 강화에 있는 납골묘 근처에서 버려진 채 발견됐죠."

"납골묘요?!"

"한두 마리가 아니었어요. 새끼 강아지들 서너 마리와 함께 있었죠."

"새끼 강아지들이요?"

"네. 어떤 사람이 추석 전후로 납골묘 근처에 강아지들을 유기했나 보더라고요. 사람들이 많이 다니는 곳이니까 누군가 데려가길 바란 걸까? 깊이 고민했던 것 같아요. 가을이도 그중 한 마리였어요. 다행히 지나가던 사람들이 새끼들을 한 마리씩 데려갔어요. 저도 그때 가을이를 보고 그냥 지나칠 수가 없었죠."

"그래서 이름이 가을인가요?"

"네. 그때가 가을이었거든요. 누군가 버리고 간 계절에서, 저는 가을이를 데려와 새로운 이름을 지어주었죠. 그게 '가을이'예요."

"아, 그렇군요! 지금 가을이는 참 행복하겠어요."

"그럼요. 가을이는 이제 저와 함께 이 산을 뛰어다니면서 매일 즐겁게 살고 있어요. 저와는 떼려야 뗄 수가 없는 내 껌딱지죠!!"

우리 집 강아지 앙헬은 어떨까. 앙헬도 내게 그런 존재다. 나와 함께 걸으며, 내 삶의 일부가 되어주고 있다.

"사, 그럼 우리도 걸어볼까?"

앙헬이 신난 듯 꼬리를 흔들며 앞장을 선다. 그러면서도 내 뒤를 힐끔힐끔 쳐다보며 마치 '얼른 가요, 빨리 가요.'라고 말하듯 낑낑, 컹컹대며 재촉한다.

"그래, 그래. 알았어."

나는 몸을 바로잡고 앙헬의 발걸음에 속도를 맞추며 말한다.

앙헬 우리 가족 맞지? 그렇지!! 앙헬. 가자, 가자!!!

오늘도 행복하세요.

*앙헬은 프랑스어로 수호천사라는 뜻이다

덜그럭 부스럭

"아침부터 뭐 그렇게 부스럭거려?"

일요일 아침, 공휴일인데도 덜그럭덜그럭, 부엌에서 뭔가를 분주하게 챙기는 소리가 들려왔다. 졸린 눈을 비비며 부엌을 향해 가서 물었다.

"아니, 일요일 아침부터 뭐 하는 거야?"

집사람이 고개를 들더니 미소를 보이며 대답했다.

"오늘 큰애 집에 1시까지 가기로 했잖아. 집밥 해주려고 준비하고 있어."

"집밥? 뭐 준비하는데?"

"애가 좋아하는 코다리찜도 하고, 꼬마 김밥도 싸고, 메추리알 장조림도 좀 만들고, 나물도 준비하고……, 이것저것 챙기려고."

집사람은 벌써 손놀림이 분주하다.

큰애가 회사에 들어간 지도 벌써 8년째. 26살 때부터 집을 나가 혼자 살기 시작하더니, 이제는 완전히 자기 집이 '진짜 집'이 되었다. 처음엔 "저 집에 갈래요."라고 할 때마다 묘한 서운함이 들었지만, 7~8년이 지나니 이제는 당연하게 느껴진다.

부모는 자식을 키우면서 늘 기대와 걱정을 함께 안고 산다. 사회생활을 잘할 수 있을까? 직장에서는 잘 적응하고 있을까? 하지만 돌이켜 보면, 아이들은 우리가 걱정하는 것보다 훨씬 잘 살아간다. 오히려 요즘 젊은 세대는 우리보다 더 똑똑하고 자기 앞길을 스스로 잘 헤쳐 나가는 것 같다.

부모로서 자식에게 거는 기대란 게 결국은 취업해서 사회에 잘 자리 잡는 것 아닐까? 그 이상은 이제 부모의 몫이 아니라 자식의 몫이다. 부모가

할 일은 자식이 어디서든 당당하게 살아가도록 묵묵히 응원해 주는 것. '내 자식을 자랑스러워하기보단, 뿌듯하고 보람 있게 키웠다고 느끼는 것', 그게 더 중요하지 않을까 싶다.

그런 생각을 하며 부엌에 서 있는 집사람을 다시 바라보았다. 여전히 손이 바쁘다. 떨어져 사는 자식을 위해 뭔가를 해주고 싶어 하는 그 마음. 작든 크든 아낌없이 챙겨주고 싶은 그 부모의 마음.

나도 괜히 한마디 더 거들어 본다.

"체리도 넉넉히 싸, 계란 후라이도 넣고. 나물도 좀 더 챙기고. 코다리찜은 있는 거 다 싸주고."

집사람이 웃는다. 이게 자식을 위한 잔소리일까, 아니면 집사람에게 자식을 더 잘 챙기라고 하는 잔소리일까? 아마도, '사랑의 잔소리' 아닐까요? 이런 잔소리라면 오래오래 하고 싶다. 부모가 자식을 위해 준비하는 모든 순간이, 자식이 주는 또 하나의 기쁨 아닐까요? 이런 사랑의 잔소리, 부엌의 잔소리. 왠지 기분이 확 업되는 느낌이지 않을까요? 저는 지금 그렇습니다.

식구회 19기

우린 식구회, 19기. 오랜만에 모여서 한바탕 웃고 떠드는 이 시간이 참 좋다.

"이름으로 이유를 내가 만들어보겠습니다. 왜냐하면 문화재기 때문에 문화재청 허가를 다 보내야 해요. 그리고 대흥사라는 고찰인데 세계 문화유산에 등록됐대요."

"아, 유네스코?"

"MBC?"

"아니 아니, 내가 아까 얘기했듯이! 우리 친구 한 회장 동인이 예전에는 좀 거칠고 도전적인 스타일이었는데, 요즘 보니까 향토학자 교수님이 다 됐어! 전문가 포스가 팍팍 나더라니까?"

"맞아, 맞아! 오랜만에 이 친구가 오면 아따, 뭐……."

"내년이 20주년이니까, 오늘 확정하자! 유선관을 가는 걸로 하고, 해남도 방문하는 걸로 하자고!"

"좋아! 최소 2박 3일 코스 어때?"

"오케이! 몇 시까지 어디로 모일지 정해야지."

"보길도 지나서 세현정이라는 데가 있어. 그리고 보길도를 가기 전에 기다리는 섬이 노화도야."

"노화도? 아, 거기 이제 연도교 생겼잖아?"

"맞아! 섬과 섬을 잇는 게 연도교고, 섬과 육지를 잇는 게 연육교라니까!"

"야, 요즘은 진짜 좋아졌다니까. 옛날 같으면 배 타고 가야 했는데."

"노화도 가면 내가 좀 알지? 골프채 가져가서 하루 골프 치는 것도 괜찮을 듯?"

"야, 그것도 괜찮겠네. 마그네틱 볼도 사 왔으니까, 코스 딱 잡으면 되겠다!"

"야, 나는 서울에서는 절대 일식집 안 간다니까."

"왜?"

"양식 생선은 못 먹겠어. 로봇처럼 사육된 애들, 수족관에서 오래 있으면 영양실조 걸리는 거 몰라?"

"맞아, 맞아. 자연산이 최고지."

예전 수산시장에서 겪은 일들을 이야기했는데

"그때 정 회장하고 나랑 시장 갔을 때 기억나? 우리가 고르는 거 보고 다들 따라왔잖아!"

"야, 그때 형수가 뒷방에서 흥부를 탁 때리면서 뭐라 했는지 알아?"

"뭐라고?"

"흥부가 맨날 빌빌대지 말고 행동으로 하라고!"

빵 터지는 웃음 속에 웬 생뚱맞게 흥부전! 하하!

"야, 너네 알았냐? 보통 애를 많이 낳을 때가 흉년일 때래."

"뭐? 그게 무슨 말이야?"

"풍년이 들면 사람들이 다 밖으로 나가서 논다고. 그런데 흉년이면 나갈 수가 없으니까 다 안에서 해결하는 거지."

"그래서 흉년일 때 애들이 많았구나!"

"맞아, 맞아. 야, 이거 네이버 지식백과 감이다!"

"오~"하는 감탄과 웃음 하하!!

"상근이 형~ 전자칠판 이야기 알지!"

"우리 친구는 요즘 AI, 스마트폰 전문가 다 됐다니까?"

"야, 그런데 30 곱하기 3하면 얼마인지 아냐?"

"90?"

"야, 너 수학 천재다!"

"근데 나 이번에 인천대학교 총장상 받았어."

"뭐? 언제?"

"총 동문 송년회 밤에서. 나도 몰랐어. 두세 명 주는 줄 알았는데, 갑자기 내 이름이 딱 불리는 거야. 그래서 뒤를 돌아봤더니 아무도 없더라고."

"야, 졸업할 때도 못 받은 인천대 총장상을 이제야 받다니!"

"그러니까! 다 너희 덕이지."

"근데 내가 진짜 아쉬운 게 뭐냐면……."

"뭐?"

"마지막 선물 추첨에서 59인치 TV가 걸려 있었어."

"오! TV?"

"아니, 전자칠판이었는데……."

"전자칠판?"

"조달청에 납품하는 500만 원짜리야."

"뭐?!"

"상근이 형이 당첨됐는데 좀 일찍 가버리신 거야. 그래서 다른 사람이 가져갔어!"

"아이고! 진짜 카톡이라도 빨리 보낼걸!"

"증말 아쉽더라고~~"

"아, 그런데 오늘 이렇게 동기들끼리 모여서 대화 나누고, 재밌게 웃고 떠드는 것만으로도 너무 좋다."

"맞아. 1년에 자주 보지는 못하는 거지만, 이 시간이 제일 값진 것 같아."

"그럼, 우리 다음에 또 이렇게 모이자!"

"그래! 20주년 여행, 진짜 제대로 계획 세우자고!"

뭐 사는 게 별거 있나? 좋은 사람 만나 먹고 마시고 즐기다 보면 우리의 삶도 넉넉해지고 편안해지는 기분이 들지 않아? 그래서 우리가 좋고 동기가 좋은 거 아니겠어? 많은 동기들이 함께하지 못해 아쉽지만, 다음에는 더 많은 동기들이 함께 모였으면 좋겠어. 오늘, 이 행복한 기분으로 3개월, 6개월은 거뜬할 것 같아! 정말 친구들과 동기들에게 진심으로 감사하고 사랑해.

어제 조그만 동기들 모임이 있어 한바탕 신나게 떠들고 왔습니다. 지금도 떠들던 분위기의 잔향이 남아 있는 느낌입니다. 사람이 참 좋습니다. 그래서 저도 그들과 함께하는 게 참 좋습니다. 같은 생각 아닐까요.

살아있다는 것은

목요일이었습니다. 갑자기 일정이 한가해지면서 잠시 여유가 생겼습니다. 차를 몰고 익숙한 길을 따라가다, 문득 20년 넘게 다니던 단골 이발소가 떠올랐습니다. 늘 변함없이 반겨 주시던 사장님께 오랜만에 들러야겠다는 생각이 들어 차를 돌렸습니다. 그런데 이게 웬일입니까. 문이 굳게 닫혀 있었습니다.

'어디 다녀오셨나?'

문 앞에는 무언가 적혀 있었지만, 자세히 보기도 전에 그저 닫힌 문을 보며 불길한 예감이 들었습니다. 괜히 마음이 쓰였지만, 다른 일정이 있어 발길을 돌렸습니다. 그리고 주말이 되자 도저히 그냥 지나칠 수 없어 전화를 걸어 보았습니다. 마침내 통화가 닿아 조심스레 여쭤봤습니다.

"사장님, 목요일에 문을 닫으셨던데 무슨 일이 있으셨습니까?"

그러자 사장님께서 뜻밖의 대답을 하셨습니다.

"아이고, 발산동으로 휴가를 다녀왔습니다."

순간 당황스러웠습니다. 발산동으로 휴가라니, 혹시 해외여행이라도 다녀오셨나 싶어 다시 여쭈었습니다.

"발산동이요? 어디 다녀오셨습니까?"

그러자 사장님께서 담담한 목소리로 말씀하셨습니다.

"119에 전화했더니 아직은 걸을 수 있다고 하더군요. 그래서 1층으로 내려가는 도중에 정신을 잃었습니다."

그 순간 온몸이 얼어붙는 듯했습니다. 사장님께서 이어가시는 말씀은 충격적이었습니다. 갑작스러운 심근경색으로 동맥이 막히고 실핏줄까지 막혀 쓰러지셨다고 하셨습니다. 급하게 병원으로 옮겨졌지만, 한 병원에서는 환자를 받을 수 없다고 했고, 또 다른 병원에서도 거절당하셨다고 하셨습니다.

"그래서 그냥 무조건 가서 받을 때까지 기다렸습니다."

그렇게 도착한 곳이 이대 서울병원이었습니다. 간호사 두 분이 뛰쳐나와 사장님을 응급실로 데려가셨고, 곧바로 긴급 수술이 시작되었습니다. 죽음의 문턱을 넘나들며 가까스로 돌아오셨다고 하셨습니다.

"사람이 죽는 건 정말 한순간이더군요. 살아 있을 때 잘해야 합니다."

사장님의 말씀에 가슴이 서늘해졌습니다. 맞습니다. 우리는 늘 '내일'을 기약하지만, 사실 내일이 보장된 사람은 아무도 없습니다.

사장님께서는 조용히 말씀하셨습니다.

"살아 있다는 게 이렇게 소중한 건 줄 몰랐습니다."

그 말씀에 저도 모르게 눈시울이 뜨거워졌습니다. 20년 동안 같은 자리에서 저를 맞아 주시던 사장님께서, 그렇게 한순간 사라질 뻔하셨다는 생각을 하니 가슴이 먹먹했습니다.

머리를 다듬고 드라이까지 마친 후, 저는 조심스레 말씀드렸습니다.

"사장님, 정말 수고 많으셨습니다. 앞으로 15년은 제가 보장하겠습니다. 나머지 5년은 사장님께서 더 힘내 주시면 좋겠습니다."

그러자 사장님께서 웃으며 대답하셨습니다.

"그럼 내가 100살이 넘잖아요?"

"사장님께서 100살 넘어서도 제 머리를 손질해 주시면, 저도 오래 살겠죠."

둘 다 허허 웃으며 헤어졌지만, 마음 한구석에는 많은 생각이 맴돌았습니다. 건강, 사람, 그리고 인연. 나는 지금 건강한가? 나는 내 주변 사람들과 원활히 소통하고 있는가? 혹시 내 삶의 중요한 부분이 막혀 있지는 않은가? 삶이란 결국 흐름과 소통이었습니다. 혈관이 막히면 몸이 위험해지듯, 사람과 사람 사이의 관계도 단절되면 점점 메말라갑니다.

오늘 하루, 저는 제 주변과 잘 소통하고 있는지, 제 삶의 흐름이 원활한지 다시 한번 생각해 보았습니다.

"형님, 정말 고생 많으셨습니다. 그리고 살아 주셔서 다행입니다."

그 말을 되새기며 차에 올라 시동을 걸었습니다.

부르릉— 소통과 원활함은 내 삶의 엔진이 아닐까요.

오래될 수록 좋은 것

"한잔하지, 쫘악 마셔!"

"좋아, 오늘 먹고 죽자고!"

몇 사람이 술을 마시며 서로의 우정을 과시하며 부어라 마셔라 하며 잔을 돌리는 것입니다. 처음 만나는 사람들답지 않게, 몇십 년간 만난 사람들처럼 즐기는 중이었습니다.

사람이 친해질 수있는 방법은 여러 가지가 있습니다. 술을 한잔하거나 함께 운동하거나 어려운 일을 같이 극복하거나, 목욕을 같이해도 친해진다 하기도 합니다. 이렇듯 여러 방법이 있긴 하나, 사람의 관계도 시간에 달려 있습니다.

친구와 술은 오래될수록 좋다고 합니다. 당신의 주변에는 맛깔나는 오랜 술과 친구가 있는지요.

오늘은 술을 한번 담가보세요. 맛과 향이 그윽하고 사람 사는 맛이 나는 걸쭉한 인생주를 만들어 오랜 친구와 기울여보시면 어떠실는지요. 친구와 술, 가장 좋은 컨셉이 아닐까요?

다정하게 마음 속 안부 묻기

"사진 좀 찍어봐. 엑스레이, 씨티나 엠알아이라도."

무슨 중한 병이라도 걸렸는지 사람의 내부를 들여다보고 진단과 치료를 할 수 있는 첨단 의료기기까지 이야기하는지 걱정까지 하게 됩니다.

최근 의료 기술은 웬만한 병을 모두 치료할 수 있을 정도로 날로 발전하고 있습니다. 그런데 아무리 찍어보고 치료해도 도통 잘 안 고쳐지는 병이 있습니다. 열 길 물속 깊이는 알아도 한 길 사람 속을 모른다고 하는, 사람의 속마음에 드는 병인 듯합니다.

어떻게 치료하면 될까요? 답은 의외로 아주 간단할 수도 있습니다. 진실한 배려와 다정함으로 따스하게 어루만져주고 감싸준다면 마음은 평온이라는 완치로 마무리되지 않을까요? 정말 간단하죠? 그리고 하나 더, 마음을 활짝 여는 것은 필수 사항입니다.

눈치 코치

"에이 그것도 몰라? 그 정도는 알아야지! 그래가지고 뭘 하겠어? 답답하네. 통밥으로라도 챙겼어야지, 눈치까지 없어서야!"

꽤 속상했나 봅니다. 사람들 사이에서 힘들게 하는 부분이 있는데, 눈치코치 없고 무지한데 도통 다른 이의 말을 듣지 않고 엉뚱하게 행동하는 사람들을 보면 감당이 안될 경우가 있을 겁니다. 어찌해야 할까요?

알게 모르게 사람의 수준이 정해지는 경우들이 있습니다. 수준은 사람과의 행동과 대화에서도 적용되곤 합니다. 상대를 이해하고 높이를 감안하여 알기 쉽고 받아들일 수 있게 준비하여 대한다면, 상대방도 높이를 같이 하지 않을까요? 내 중심을 남의 중심으로 조금만 이동한다면 사람과의 소통은 이미 성심으로 바뀌어 있을 겁니다.

중심 조금 양보한다고 흔들리진 않겠죠.

미운 놈 떡 하나 더

"아 걔 말야, 애가 왜 그래?"

"무슨 일 있었어?"

"내가 하는 일마다 훼방이니 진짜 그놈하고 사이는 왜 이런지 도통 모르겠어."

"옛날 말이 있잖아."

"무슨 말?"

"미운 놈 떡 하나 더 주라고."

"왜 미운 놈한테 욕을 퍼주어야지 떡을 주니?"

옛 어른들께서는 미운 사람에게 자꾸 떡도 주고 정도 주고 내 마음을 열어 보여주다 보면 인간관계가 좋아진다는 의미로 미운 놈 떡하나 더 준다고 했다는 겁니다. 기가 막힌 해석과 명쾌한 답을 가지고 사는 지혜를 느껴봅니다.

우리네 삶에도 이런 미운 사람들이 있지 않을까요? 그렇다면 미운 사람에게 떡 하나뿐 아니라 좋은 마음도 듬뿍 전달한다면 아마 돈독함이라는 마음의 떡으로 돌아오지 않을까요?

문 앞을 보고

주변을 쓰~~윽 둘러보던 친구가

"아직 그 친구는 안 왔네."

라고 다소 의아하게 여기며 눈은 문 쪽을 계속 주시하는 겁니다.

모임들 참 많으실 겁니다. 학연, 지연, 혈연, 사업관계, 취미활동 등등 새로 가입하고 나옵니다. 세계에서 모임을 많이 갖고 만드는 나라 중 우리나라가 거의 탑 수준이랍니다. 모임에 가더라도 작은 뜻과 마음이 맞는 친구를 찾고 만나는 것은 행운일 수 있습니다.

보편적으로 사람을 사귀는 것은 사람을 만나는 일들 중 중요한 부분이나, 그렇지 못한 경우들이 있었을 겁니다. 모두와 친하게 모임을 이끌어 간다면 모임은 오래 남을 것입니다.

모임이 다 그렇게 좋을 수는 없겠죠. 그럼 이렇게 해보세요. 나와 맞는 친구와 시인을 찾고 만난다는 시간이라 생각하고 참석한다면 모임 시간이 다가올수록 뭔지 모를 기분 좋은 느낌이 올라오지 않을까요?

오늘 모임 있으시죠? 한번 써먹어 보세요.

마이크 양보 하기

"좀 조용히 좀 해봐. 저 사람 얘기를 도통 들을 수가 없잖아."

"왜 혼자서만 떠드는 거야?"

어느 모임에 가든 말도 많고, 액션도 크고, 자기 말을 들을 때까지 끊임없이 떠드는 친구가 있습니다. 노래방에서 마이크 한번 잡았다 하면 절대 안 놓는 친구들도 있습니다. 처음 분위기를 어느 정도 이끌어주는 부분도 있긴 하나, 계속해서 혼자만의 독무대가 된다면 다음에 그 사람을 만날 때는 어떤 느낌이 들까요?

상대방과의 대화와 만남에도 균형이 있습니다. 서로 인정되는 정도로 대화와 소통한다면 사람과의 균형은 크게 벗어나지 않을 것입니다. 사람과의 만남과 소통, 서로 이해와 배려라는 균형으로 간다면 만남은 부드러운 결속으로 이어지지 않을까요?

오늘도 행복하세요.

기억

"아 오늘도 오셨네요. 예, 항상 감사 감사드립니다."

80세가 다 된 아저씨가 보따리에서 뭔가를 주섬주섬 챙깁니다. 간호사 분과 일하시는 분들께 익숙하게 인사를 건네고는, 자연스럽게 한 병실로 들어갑니다.

"아, 나 왔어. 여보, 잘 잤어?"

그렇게 말하며 들어간 방엔 반쯤 앉아 있던 아주머니가 있습니다. 그는 아내에게 다정하게 말을 건네지만, 아주머니는 멍하니 얼굴을 쳐다볼 뿐입니다. 처음 보는 사람처럼, 아는 척도 모르는 척도 없이 그저 아무 말 없이 바라봅니다. 그래도 아저씨는 웃으며 보따리에서 챙겨온 음식을 조심스레 꺼내어 아내의 입에 넣어줍니다.

"아이고 맛있지. 잘 먹어. 맛있게 잘 먹어."

그렇게 말하며 얼굴도 만지고 머리도 쓰다듬으며 애틋한 눈빛으로 아내를 바라봅니다. 마치 오늘이 처음인 듯, 처음 만난 사람처럼 정성스럽고 따뜻하게 아내를 돌봅니다.

아저씨는 서울에서 수원 요양병원까지 매일 같은 시간에 와서 같은 시간에 다시 돌아갑니다. 아내는 중증 치매로 남편을 알아보지 못하는 상태입니다. 하지만 그는 하루도 빠짐없이 옵니다. 비가 오나 눈이 오나, 날씨와 상관없이 매일 같이 병원을 찾아옵니다. 아내를 위해 작은 음식을 준비하고 얘기도 나누고 손도 잡고 얼굴도 만지고 함께 살았던 집안의 생활을 그대로 반복하듯 그녀 곁에 머뭅니다. 그 모습을 보던 간병인 아주머니가 물었습니다.

"아니, 아주머니는 아저씨를 못 알아보시는데 왜 이렇게 하루도 빠짐없이 오시는 거예요?"

아저씨는 잠시 미소를 짓더니

"예, 괜찮아요. 아내는 저를 몰라봐도 전 아직 아내를 알아보잖아요. 제가 아내를 알아보는 순간까지, 잊어버리지 않는 그 순간까지 제가 아내를 돌봐야 되고 아내를 사랑해야 되고 아내와 같이 있어야죠. 그게 제 몫이고, 제가 마지막까지 지켜야 할 길이라고 생각해요."

라고 대답했습니다.

"아……, 아내는 몰라도 남편은 아내를 알아보고 있다는 거군요…….."

"예. 전 여기 올 때가 가장 행복하고 즐거워요."

그는 그렇게 말하며 아내의 얼굴을 바라봅니다. 그리고 손을 잡고 얼굴을 만지며 또 하루를 사는 것입니다.

이 이야기는 실제 있었던 일입니다. 지금은 두 분 모두 같은 요양병원, 같은 병실에서 나란히 침대를 두고 생활합니다. 기억이 한 사람에겐 사라졌지만 한 사람의 기억이 남아있기에 그들은 여전히 함께하고 있습니다. 결혼 60주년을 넘기고도 한 사람은 잊었고 한 사람은 끝까지 기억을 잡고 있습니다. 기억이 있는 사람이 사랑을 전하고, 손을 잡고, 살아온 시간들을 이어가는 것입니다.

세상이 많이 변했습니다. 세월이 흐르면서, 자식도 멀어지고 주변인들의 관심도 옅어지는 지금에.

그래도 끝까지 남는 건 곁에 있는 아내, 혹은 남편. 내 마음속에, 내 기억 속에, 내 삶 속에 가장 가까이 있던 또 하나의 나입니다. 아직 나는 80세가 되려면 시간이 남았지만 이 이야기를 들으며 생각하게 됩니다. 나는 과연 어떤 모습일까요. 우리 둘 중 누가 기억을 먼저 잃게 될까요. 그리고 그 남은 사람은 끝까지 서로를 기억하며 한 병실에 나란히 누워 손을 잡고 함께 삶을 마무리할 수 있을까요.

오늘은 유독 글이 안 써집니다. 가슴이 먹먹해서일까, 아니면 이 이야기가 내 미래 같아서일까요. 그래도 그려봅니다. 곰곰이, 조용히 그려봅니다. 아마 나도 그렇게 하지 않을까요.

부부란, 부부란…… 참으로 가까우면서도 멀게 느껴지는 존재일 수도 있습니다. 하지만 결국, 나의 마지막 사람은 또 하나의 나, 아내이자 남편 아닐까요.

멋진 고집쟁이의 농사

오늘 사과나무 몇 그루를 정리차 지인의 농장을 방문했습니다. 비도 오고 길도 미끄러웠지만 고기도 굽고 여러 가지 음식들도 맛이 있어, 기분이 날씨와 비교되지 않을 정도로 화창했습니다. 잠시 후 내게 지정된 몇 그루의 나무를 가지치기하고 풋사과를 솎아냈습니다. 종전의 화사함은 다시 우중의 시절로 돌아갈 정도로 긴 시간 동안 하게 되었습니다. '농사 쉽지 않다'라는 표현은 매우 약하고 현실은 어렵고 힘들고 하기 어려운 대표적인 일이라 볼 정도로 하기 싫었습니다.

친구 중 열심히 자기 방식대로 농사를 지어 고객의 인정을 받은 친구가 있습니다. 그 친구에게 경이로움을 가질 정도로 농사일이라는 것이 만만치가 않다는 느낌을 크게 받았습니다. 풍년이나 흉년은 다음 문제이고, 지금은 최선을 다해 노력한 만큼의 결실을 얻는 것이 더 중요한 상황이고, 묵묵히 그 일을 수행하고 있는 것이 친구의 몫인지도 모르겠습니다.

짧은 시간 체험을 통해 친구를 다시 생각하는 마음을 가져봅니다.

그런데 사진이 몇 장 올라오네요. 복숭아, 옥수수, 들깨 모종 등······. 한마디 붙였네요. 언제든 내려와서 먹고 가져가라고. 싱겁기는······. 예, 가긴 가는데 차마 가져가진 못할 것 같네요. 농사일이라는 것이 현실은 녹록지 않은 것이 사실이겠지만, 친구는 정직한 삶의 진정한 모습으로 본인을 만들어가는 고집스러운 사람입니다. 다소 왜 그럴까 하는 생각이 들 때도 있지만 멋진 고집쟁이가 아닐까 합니다.

나는 지금도 친구를 지지하고 응원도 합니다. 오랜 시간 우리가 같이했듯 앞으로도 같이 오랜 시간 함께하려 합니다. 그리고 우정의 농사도 결실이 풍성히 이루어지도록 노력하겠습니다.

나는 친구가 있어 든든하듯 친구도 같은 마음으로 같이하세. 오늘, 이 글을 올리며 자네들의 소중함을 가슴에 집어넣어 보네.

고맙네, 친구들.

내 마음의 집

"여기가 전에 우리 집터였어. 다리가 놔지면서 이쪽으로 옮겼지. 앞에 개울에 물도 많이 흘러서 가재나 물고기도 한 빠께스씩 잡고."

엊그제 지인인 선배의 고향에서 행사가 있어 1박 2일 선배댁에 머무르게 되었는데, 동네 이야기며 옛날 살았던 집과 졸업한 국민학교가 100년이 넘었다는 선배의 자랑을 들으며 편안하게 하루를 내 고향 내 집처럼 쉬고 왔습니다. 제가 아무도 기거하지 않는 이곳에 집도 땅도 모두 제자리에 멈추어 놓았냐는 질문에 선배는 "그냥 여기 오면 괜히 좋아서."라고 대답했습니다.

과연 우리는 살면서 그냥 내가 좋아서 찾아가고 머물 수 있는 장소나 기거할 곳이 어디 있나요? 고향의 앞마당은 나의 정신에 무엇을 심어주었기에 세월이 지나고 나이가 많이 들어도 나는 그곳을 잊지 못하고 항상 가슴 한켠에 모아두고 있는지, 느낌으로 알기엔 부족함이 있을 듯합니다. 지금 나의 정신을 잡아주고 풀어주고 언제든 돌아갈 수 있는 내 마음의 집은 어디에 있을까요?

인생이 많이 흘러 옛것과 새로운 것을 경험하며 살아온 지금, 나의 터는 어디인가 궁금하며 답을 구해보려 합니다. 바다에서 태어난 이는 비린 곳을, 산에서 태어난 이는 숲의 싱그러움을, 들에서 태어난 이는 흙의 진한 내음을 각자들 그 안에 품고 있지 않을까요? 그럼에도 빼놓을 수 없는 사람의 맛은 우리에게 안겨준 최고의 선물이 아닐까 합니다. 내가 잊지 못해 마지막까지 찾는 곳이 있듯 우리에게도 마지막까지 같이할 사람은

누구일지……. 선생님, 친구, 선배, 목사, 스님, 신부님, 또 하나의 나인 아
내, 지인 등 누구이고 어디일까요?

다시 한번 나를 돌이켜보며 나에게 답을 구해봅니다.

남매지간? 부부지간!

"참, 두 분은 많이 닮으셨네요. 남매지간 아니세요?"

TV를 볼 때 가끔 부부들이 나오면 같이 산 시간이 많은 부부들일수록 이런 얘기를 자주 듣는다고 합니다. 형제자매는 비슷할 수 있는데 왜 부부도 오랜 시간이 지나면 닮아가는 걸까요? 사람이 살면서 여러 가지 경우들을 겪게 되는 과정에서 나타나는 현상의 결과들이 아닐까 짐작합니다. 기쁨과 슬픔, 고민과 고통 등 희로애락의 상황들을 같이하다 보면 이마와 눈가의 주름, 입가의 미소 등이 변해있을 것이고, 먹고 자고 쓰고 움직이고 하는 것은 안면과 행동의 골격도 유사하게 바꾸어 놓지 않았을까요?

"두 분이 참 많이 닮으셨네요."라는 말을 들을 때마다 당사자들은 그간에 삶이 문득 떠오르지 않았을까 합니다. 오랜 시간 같은 행동과 마음으로 비슷하게 살다 보면 닮는 것이 많아지듯 우리네 삶도 어떻게 살았나 돌아봅니다.

자신의 닮은 꼴을 지금도 그리고 있다면 좋지 않은 기억들은 묻어두시고, 좋은 일들은 앞에 세우시고, 다른 것들은 지우고 그린다면 삶에 균형이 잡힌 그림이 되지 않을까요? 나의 그림은 어느 부분을 고쳐나갈지 자신이 가장 잘 알지 않을까요? 어느 부분일까요?

자신만을 위한 작품을 위해 삶에 붓을 한번 던져 보시는 건 어떠실는지요?

작품의 주인공은 당신입니다.

너였구나!

"나 누군지 아니?"

"잘 모르겠는데."

"아, 난 너를 기억해."

40년 넘게 만나지 못했던 중딩 동창에게 통화하는데 나를 잘 모른다고 하길래 "괜찮아, 내가 아니까. 두 사람이 다 모르면 그게 문제지."라고 대답했습니다.

그리고 한 달 보름 후에 지방에서 몇몇 중딩 친구들과 만나게 됐는데, 그 친구도 나를 알아보고 "아, 너였구나!"라고 하며 40여 년의 세월이 단 몇 초 만에 무너지는 것이었습니다. 그동안 근황과 살아온 얘기를 한참 하다 차편 때문에 아쉬움을 뒤로한 채 다음 만날 것을 약속하며 헤어졌습니다.

저는 올라오는 차 안에서 '참 신기하지, 너무 오랜만에 만났는데.'라고 생각했습니다. 어제 만나고 오늘 만나는 것처럼 평상의 느낌이 드는 게 이상하지 않았던 겁니다. 세월은 흘러도 변할 수 없는 것들이 많은데, 그중에서도 초·중·고 때 만나 같은 시절을 보낸 친구들이 그렇지 않을까요? 아마 순수와 시작이라는 공통적인 것을 같이 했기 때문인 것 같습니다. 순수라는 하얀 색지에 여러 색의 연필로 하나하나를 그려나가면서 옆에 짝지기와 비교도 하고, 서로 도와도 주고, 때로는 티격태격하며 앞으로 준비해야 할 것들을 같이 시작한 가장 가까운 사람들이기 때문 아닐까요? 시간이 지나 각자가 선택한 일들을 경험하면서 내가 간직한 어린 시절의 순수함과 친구들은 도화지의 아름다운 작품으로 남겨놓았기에 항상 마음속에 간직하고 있지 않았을까요?

그리고 우린 약속한 대로 다시 만났습니다. 표정이나 행동들이 그간의 삶을 펼쳐놓듯, 다양한 색감으로 자기들을 그려가며 옛날의 짝지기에게 세월을 이어가는 작품을 보여주고 있었습니다. 나도 당연히 작품을 전시했죠. 순수와 시작을 이만큼 그려왔다고. 우린 새로운 작품이 아닌 옛날의 우리를 짚어가고 있었던 것입니다. 어린 시절의 순수함과 중년의 중후함까지 보태면서 웃음소리도 한몫 거들면서 말이죠.

순수함, 친구, 이런 말에는 괜히 빙그레 입가에 즐거움이 올라오지 않나요? 나만 그런 느낌일까요?

즐겁고 아름다운(?) 치매

"닐리리야 닐리리야~니나노~얼싸 좋네~"

신나게 손뼉을 치시면서 민요를 걸쭉하고 맛깔나게 부르시는 어르신이 계십니다. 너무 신나게 노니 주변 어르신들도 함께 흥을 맞추며 즐거운 시간을 갖고 계시는 것입니다. 자식들도 덩달아 어깨를 들썩이며 어머니 옆에 서서 장단을 맞추며 기운을 북돋아 주고 있습니다.

여기가 어디냐고요? 치매 전문요양원인데 모두 우울하고 신나는 일이란 눈곱만치도 없을 것 같은 곳에 하루가 멀다고 흥을 돋는 민요 가락이 울려 퍼지는 겁니다. 참 신기하죠? 공연하는 사람들이 매일 오는 것도 아닌데……. 치매 어른 중 오랫동안 민요 교실을 운영하셨던 유명한 분이 이곳에 입소하신 겁니다. 그런데 일정 시간만 되면 노래를 시작하는데, 보통 두 시간 정도를 온 정열을 쏟아서 들려주면서 요양원에 근무하는 원장 직원 환자들의 손을 잡고 허리를 잡고 노시는 겁니다.

처음엔 이상하기도 하고 적응들도 안 되고 하여 매우 심각한 상태가 아닌가 하는 오해도 했었답니다. 그런데 시간이 지나면서 매일 그 시간이 되면 요양원의 모든 식구들이 수강생이 되어 하루를 시작하는 유쾌한 시간들이 되었다고 합니다. 오랜 시간 자기 일에 최선을 다하고, 같은 시간에 민요를 가르치고, 수강생들과 서로 이야기하며 즐거웠던 기억들이 마지막까지 남아 있었던 것이죠. 우리도 일상에서 나도 모르게 다른 방향을 가려는데 어느새 매일 다니던 길로 차를 운전하는 일을 경험해 보셨을 겁니다. 사람의 관계도 그런 것 같습니다. '핸드폰을 눌렀는데 왜 전화했지?

궁금한 것 같은데……' 하고 버튼을 누르는데 벨이 울립니다.

내 마음속에 굳어져 있는 사람, 내 생활 속에 이미 들어와 있는 사람, 내 기억 속에 이미 각인되어 박혀 있는 사람, 며칠 지나면 괜히 궁금해지면서 목소리라도 들어야 하는 사람. 이런 사람이 내 옆에서, 내 삶에서 같이 걷고들 있나요? 기억이 사라지고, 일부는 남고, 새로운 기억이 생성되지 않는 상태가 된다 해도, 마지막까지 남아 있어 줄 즐겁고 아름다운……. 혹시 가지고들 있다면 평생을 옆에 있어 준 짝지기, 잘 자라준 눈에 넣어도 안 아픈 자식들, 내 인생의 지침을 가르쳐준 선생님, 지치고 힘들 때 의지하려 찾았던 믿음을 주신 성직자들, 또 누가 더 있을까요?

다른 것도 비슷한 것도 있겠죠. 무엇이 더 있을 것인가를 찾기보단 지금 관계된 모든 상황들을 적립해 보세요. 그럼 무엇이 나의 즐거운 치매의 기억으로 남아 있을지 예측할 수 있지 않을까요? 즐거운 치매, 지금부터 준비하시고 만드신다면 어깨를 들썩이며 그들과 함께 즐기는 즐거운 마무리가 되지 않을까요?

창문을 열고 밖을 보니 대명상천이 밝아 오네.

에~~해애

반려라는 이름의 윈윈

"이 개는 종이 뭡니까?"

"예, 보더콜리라는 양몰이 개입니다."

"아, 그래요? 근데 개하고 함께 다니니까 좋겠어요."

"저도 좋고 개도 좋아하겠죠."

"요즘 아파트에서 개들을 대부분 키우는데, 털 같은 거 많이 안 날리나요?"

"그렇죠. 다행히 우리 집은 단독이라 좀 덜합니다."

개가 사람이랑 같이 살게 된 게 언제쯤일까요? 아마 개가 사람의 똥을 먹기 시작할 때라고 하는데, 사람들이 유목을 끝내고 정착하면서 변을 집주변에서 해결을 해놓으면 늑대들이 변을 먹기 위해 오다 보니 사람들은 위생적이어서 좋고 늑대들은 변으로 먹이를 해결하는데 의외로 사람의 변에는 미네랄이 많아 늑대들에게 좋은 먹이가 되어서 좋았다고 합니다.

그러다 시간이 지나 사람과 친해지면서 자기의 영역이 자연스럽게 형성되었고, 주인은 개에게 먹이를 주고 개는 그런 주인에게 복종하고 집을 지켜주는 서로에게 필요한 윈윈의 상호 전략이 맞아떨어진 거죠. 그리고 현재는 반려견이라고 하여 가족과 동등하게 부르는 위치까지 되어 있지요.

사람과 동물도 서로에게 필요한 부분을 나누었을 때 오랜 관계가 유지되듯이 우리네 인연도 비슷한 경우들이 많지 않나요? 사업을 하는 사람은 비즈니스, 친구는 우정이라는 소중한 인연으로, 가족은 하늘이 맺어준 천생의 관계로 이루어져 있지요.

그런데 인연에는 공통된 대목이 있는데, 오랜 인연들은 서로 노력과 진심을 다한다는 겁니다. 그중에서도 친구라는 인연은 나의 내심과 정신을 이야기하고 들어줄 수 있는, 내 삶의 첫 번째라 할 수 있을 겁니다. 부부도 오랜 시간 같이하면 사랑보다 서로 이해하고 배려할 줄 아는 우정 쪽으로 많이 보편화된다고 합니다. 그래서 오랜 시간 티격태격해도 공간과 시간을 같이할 수 있지 않았나 봅니다.

윈윈의 전략은 한쪽의 이익이 아닌 함께할 수 있는 시간을 만들어가는 인생사의 중심이듯, 지금 나와 같이 하는 이들은 어떤 인연으로 연결되어 만들어지고 이어져 오는지 한번 들추어보시는 건 어떠하실는지요.

궁금증을 풀기 위해 오늘도 사람 속으로 들어가 봅니다.

인연 찾아 人만리

귀소본능

"어? 어떻게 들어왔지? 기억이 안 나네."

몸은 만신창이가 된 상태에서 머리를 쓸어 올리면서 후회스러운 눈빛을 보이며 묻는 겁니다. 입에서는 어제저녁에 먹었던 음식 냄새가 지독하게 온 방에 퍼집니다. 한 번쯤은 경험한 인사불성 만취 상태를 이야기하는 건데, 신기하게도 집은 어떻게든 찾아 들어옵니다. 우리 몸속의 기억과 의지라는 존재 때문이라 합니다. 기억은 그렇다고 치더라도 의지는 이해가 안 가는 부분인데, 만취한 인사불성인 상태에서 의지가 과연 행해질까요?

의지는 직접 의지와 간접 의지, 그리고 잠재적 의지가 있다고 합니다. 기억은 일정 부분이 지나면 잊히거나 지워지는 것이 많은 데 비해, 잠재적 의지는 마지막까지 가지고 가는 정신적 상태이고 습관화된 기억이라고 합니다. 특히 집이라는 장소는 귀소본능의 의지와 기억이 모인 대표적 장소라 볼 수 있습니다.

사람과 사람 사이에도 내 의지와 상관없이 괜히 기분이 좋은 친구나 지인들이 있습니다. 오랜 시간을 좋은 일들을 같이 했던 친구나 큰 은혜를 입었거나 가르침을 받았을 때 기억을 넘어 내 삶에서 의지가 되는 경우들이죠. 이에 반해 아무리 좋은 여건이나 조건을 만들고 같이 하자 해도 무조건 싫은 사람도 있습니다. 왜 그럴까요? 가장 기억하기 싫은 나쁜 감정이 굳어져서가 아닐까요?

내 주변 사람들은 어떠할까요? 자신이 좋아하고 의지할 수 있는 그런 부류의 사람이 많다면 스스로 다른 이에게 좋은 기억의 의지와 감정을 주지 않았을까요? 과연 나는 어느 쪽일까요? 내가 아닌 다른 이들의 표정과 말, 대하는 태도 등에서 나의 잠재적 의지와 존재감을 알 수 있지 않을까요?

그래, 그럼 난 어때?

니가 더 잘 알잖아. 뭘 물어봐?

비오는날 우산을 같이 쓰면 연인이 되고

"얼렁 들어와. 많이 맞았네."

"아냐, 막 뛰어오느라 조금 밖에……."

두 사람이 우산 속에서 두 손을 잡고 서로에게 미소를 보냅니다. 비 오는 날 우산을 같이 쓰면 연인이 되고, 비를 같이 맞으면 동지가 되고, 어깨에 손을 얹고 비를 맞으며 걸으면 동무가 되고, 한잔 술에 젖은 몸을 서로 데우면 뜨거운 우정의 김이 만들어진답니다.

아주 젊었을 때 우리가 만나서 사십 년 넘게 인생을 같이한 김이 무럭무럭 나는 친구들이 있습니다. 같은 종교서클에서 만난 인연이 졸업하고 취업하고 결혼하고 애 낳고 키우고 보내고 손주도 보고……. 내 인생에 불혹이라는 세월만큼 같이하는 이들이 있다면 부러우시겠죠. 어떤 때는 웃다가 냉랭했다 풀어졌다, 인생의 춘하추동이 40년 넘게 이어져 오고 있습니다.

우리 친구들이 만나면 제일 먼저 나누는 인사도 많이 바뀌었습니다. 총각처녀 때, 아줌아저씨 때, 중년이 넘어가면서 항상 묻는 첫 번째는 "잘지냈지? 건강은?"입니다. 아직 잘못된 친구가 없는 것도 감사하지만, 모두 성한 다리로 볼 수 있다는 것이 더 기쁩니다. 인생에서 가장 소중한 것이 친구라 했는데, 오랜 시간 나는 행운아 중 행운아가 아닐까요?

제가 "지금처럼만 우리 같이하자."라고 하면 친구들은 "좋아!"라고 하며 대폿잔을 높이 올립니다. 같이할 수 있는 친구, 옆에 두고 싶은 친구를 누가 만들어주기를 바라는 것은 가장 후회하는 선택입니다. 오랜 인연의 선택은 지금부터이고 관심과 적극적인 대시와 들이대기가 서로를 알게 하고 묶어주는 조건이 아닐까요?

친구를 만들지 말고 친구를 만나세요. 그리고 말하세요.

"야, 우산 속으로 들어와 어깨동무해."

우정의 김은 우산 꼭대기 굴뚝에서 무럭무럭 피어나지 않을까요?

아부지, 오늘 잠깐 들를게요

"아부지, 다녀오세요."

"여보, 갔다 올게. 주말이지만 월요일에 사장님이랑 본부장님, 전무님께 보고할 자료를 준비해야 해서 나가야 해. 현장도 다녀와야 하고."

"오늘 애들이랑 야외 나가기로 했잖아요."

"당신이 잘 다녀와. 딸내미, 아들내미……. 아빠가 미안하다. 회사에 나가게 돼서 어쩔 수가 없네. 엄마랑 재밌게 놀다 와."

문이 닫히고, 계단을 내려가는 아버지의 발소리가 들렸다. 우리는 엄마와 셋이 나들이하러 갔다. 웃으며 놀았지만 마음 한켠이 허전했다. 집에 돌아오니 밤 8시. 아버지는 아직 퇴근하지 않으셨다. 결국 밤 11시가 되어서야 피곤한 얼굴로 돌아오셨다.

그 시절, 토요일도 반나절 근무가 당연했고, 일요일 하루라도 쉬지 않으면 일주일 내내 쉴 틈이 없던 때였다. 아버지는 가속을 위해 자신의 몸을 아끼지 않았다. 가족을 부양해야 한다는 책임감, 자식들에게 더 나은 미래를 주기 위한 희생. 연로하신 부모님까지 돌보며 오롯이 가족만을 생각했다.

아버지도 사람이었다. 따뜻한 말 한마디, 자식들과의 시간, 편안한 하루가 그립지 않았겠는가. 하지만 그 모든 걸 뒤로하고 가족을 위해 스스로를 채찍질하며 살아가셨다. 선택이 아닌, 당연한 의무라 여기며.

세월이 흘러 자식들은 제 삶을 찾아 떠났고, 아내도 긴 세월 뒷바라지에 지쳐갔다. 부모님은 세상을 떠나고, 아버지는 퇴직을 맞이했다. 이제

쉬어야 할 시간이 왔지만, 아버지 곁엔 아무도 없었다. 자식들은 바쁘고, 아내도 이제는 자신의 시간을 원했다. 친구들도 사정은 비슷했다. 아버지가 가장 힘든 건 고된 삶이 아니었다. '외로움'이었다. 누군가와 나눌 대화, 따뜻한 관심, 함께하는 시간이 그리웠다. 하지만 세상은 너무나 바쁘게 돌아갔다. 아버지는 점점 설 자리를 잃어갔다.

사람들은 말한다. "아버지는 위대하다."라고. 하지만 그 위대함 뒤에 숨겨진 쓸쓸함과 외로움, 그리고 말하지 못한 희생을 우리는 얼마나 알고 있을까.

이제는 우리가 돌아봐야 한다. 그들은 어떻게 살아왔는가. 무엇을 잃고 무엇을 지켜왔는가. 물질적 보상도 중요하지만, 따뜻한 말 한마디와 함께하는 시간이 더 큰 위로가 될 것이다.

아버지, 수고 많으셨습니다. 아버지 덕분에 우리가 있습니다. 이제부터라도 부족했던 시간을 함께 만들어가겠습니다.

"아부지, 오늘 잠깐 들를게요."

애들의 반가운 목소리가 나를 흥분하게 만든다.

"여보, 애들이 온대요."

나도 이미 아버지의 아버지가 되어 있었다.

아부지, 존경하고 사랑합니다.

오늘도 행복하세요.

우리 엄마

"얘가 올 때가 됐는데 왜 이렇게 안 오지? 하~~ 밥도 준비해 놔야 하고……. 아유, 동구 밖까지 한 번 나가볼까? 버스 내리는 데라도 가볼까?"

"아유, 엄마, 나 여기 있잖아."

엄마는 내가 학교를 갔다 오는 줄 안다. 하지만 지금 우리는 병원에서, 어머니와 딸이 대화를 나누고 있다. 엄마는 오랫동안 치매를 앓고 계신다. 그런데 신기하게도, 항상 같은 시간만 되면 밥을 준비하고, 누군가를 마중 나갈 생각을 하신다. 몸은 병원에 계시지만, 엄마 마음은 여전히 집에서, 가족을 기다리고 계신 것이다.

여성들, 특히 어머니들이 치매가 더 빨리 오는 이유. 나는 그게, 평생을 자식과 가족에게 모든 걸 주었기 때문이라고 생각한다. 엄마들은 아이들이 학교 갔다 돌아올 때, 남편이 회사에서 퇴근할 때를 기다리며 하루하루를 정성으로 채워왔다. 자식들, 남편이 먹을 밥을 정성껏 준비하고 온 마음을 다해 가족을 맞았다. 그러나 정작, 엄마 자신을 위한 시간은 없었다. 엄마는 '엄마'였고 '아내'였지, '나'로 살아본 적은 없었다. 모든 것을 주고 또 주다 보니 남은 건 사랑뿐이었다. 그 사랑도, 언젠가부터 되돌아올 시간이 없었다. 남편은 가족을 위해 밖으로 나가고, 아이들은 자라서 저마다의 길로 떠난다. 엄마는 혼자 남아 기다리고, 또 기다렸다. 그렇게 주기만 하고 자신을 채우지 못한 긴 시간. 그 공허함이, 엄마 기억 속 빈자리를 만들었을지 모른다. 나는 생각한다. 엄마의 치매는 단순한 병이 아니다. 모든 걸 주고, 남은 텅 빈 시간 속에서 생긴 '사랑의 병'이다.

엄마의 사랑과 정성은 어떤 것으로도 대신할 수 없다. 엄마의 희생이 헛되지 않게 우리는 더 정성껏 보살피고, 엄마 곁을 지켜야 한다.

오늘 하루, 나는 다시 느낀다. 엄마가 내게 준 그 모든 것의 10분의 1, 아니 만분의 1이라도 조금씩이라도 보답해야겠다고. 엄마의 치매, 나의 정성으로 극복될 수 있을까? 나는 믿는다. 우리의 사랑으로, 충분히 극복할 수 있다고.

여러분은 어떠세요? 왜 '엄마', '엄니'라는 말만 들어도 코끝이 찡하고, 눈물이 맺히는 걸까요. 저만 그런 건 아니겠죠?

엄니, 고맙습니다.

♡ 엄마, 사랑합니다 ♡

오늘도 행복하세요.

환갑

"자, 다들 이쪽으로 오세요. 어머니, 아버지, 이쪽으로 앉으세요."

음식점에서 가족들이 모여 환갑을 맞은 막냇동생을 축하하며, 우리는 즐겁게 담소를 나누고 있었습니다. 어린 시절 부모님께서 오 남매를 키우며 손주들까지 보살피셨던 모습이 떠오릅니다.

예전에는 환갑 잔치를 성대하게 열어 국악인과 기생을 초청해 흥겹게 놀던 시절도 있었지요. 세월이 흐르며 환갑의 의미도 많이 변했습니다. 예전처럼 성대한 잔치는 아니지만, 가족들이 함께 모여 식사하며 추억을 나누는 것만으로도 충분히 따뜻한 시간이 됩니다. 그래서 우리는 동네에서 유명한 참치집에서 함께 저녁을 먹으며 옛이야기를 나눴습니다.

"예전엔 장구도 치고, 밴드도 불러서 떠들썩하게 놀았는데 말이야."

"그러게, 그땐 환갑 잔치가 정말 큰 행사였지."

변한 것은 많지만, 변하지 않는 것도 있습니다. 그중 하나가 바로 건강의 중요성입니다.

"건강이 최고야. 가족이 함께하려면 건강해야 해."

"맞아. 건강하게 오래 함께해야지."

이 말이 오늘 식사 중 가장 많이 나온 이야기였습니다. 젊었을 때는 환갑이 먼 이야기처럼 느껴졌지만, 이제는 우리가 그 자리에 서 있습니다. 세월이 흐르면서 삶의 방식은 바뀌었지만, 가족의 정과 건강의 소중함만큼은 변함이 없습니다. 오늘도, 내일도, 우리는 서로 돕고 격려하며 살아갈 것입니다.

그리고 막냇동생의 늦둥이 딸, 이제 중학교 2학년인 조카에게도 밝은 미래를 기대하며 덕담을 나눴습니다.

"유민아, 니가 건배 한번 해봐라."

"네!!"

술과 음료 등을 가득 채운 잔을 들어 오늘 이 순간, 가족이 함께한 따뜻한 저녁. 환갑을 맞은 막냇동생을 위해 늦둥이 딸이 건배를 외칩니다. 우리 가족은 당연, 저는 또 하나의 가족인 친구들의 건강과 행운을 빌며 건배 잔을 들어 외쳐 봅니다.

위 하 여!!!!

그렇죠, 노는게 좋죠

"고기 부족한 사람~식은 고기 교체해 줄게."

빨간 바람막이를 입고 구운 고기를 나누어주며 바삐 움직이면서 친구들을 챙기는 사람이 있습니다. 오랜만에 코찔지리들이 해변 펜션을 하나 빌려서 웃고 떠들며 신나게 저녁 바비큐를 먹고 즐기던 중 한 친구가 열심히 챙기는 모습을 보고 이런저런 이야기들을 하는 것입니다.

매번 일을 도맡아 하던 일부 친구들도 모처럼 편안하게 수다를 떨며 저녁을 즐기는 모습이 여느 때보다 좋아 보이기도 하였습니다. 근데 빨간 바람막이 친구는 그동안 모임도 늦게 오고 적극적인 모습도 덜하고 뭔가 뒤처져 어울리는 것이 자연스럽지 않았던 모양이었나 봅니다. 친구들도 "너 너무 고생한다. 웬일이냐?", "먹구 해라. 한잔해."라고 한마디씩 하며 이것저것을 권하며 친구의 친절을 칭찬하는 것입니다.

오랜 시간 모임에 참석하면서도 일이 바쁘고 일정에 치이고, 진득이 사리를 오래 지키거나 1박을 하는 경우라면 어느 정도 있다가 먼저 가는 경우가 대부분이었는데, 세월도 지나고 중년이 되니 시간도 여유가 있고 만나는 이는 적어지고 사업도 조금 내려놓으니, 친구들과의 모임도 전과 같지 않게 대하는 것입니다. 오래만의 칭찬에 어깨는 으쓱해지고 뿌듯한 일을 한 기분으로 우쭐함까지 갖게 되는 기분 좋은 느낌을 알게 되었던 거죠.

사람들은 시간이 지날수록 현재의 상태보다 더 나아지려는 속성이 있지만, 편안하게 익숙해져서 버릇된 부분은 고쳐지기가 힘든 습관으로 굳어지는 게 대부분인데, 솔선수범하여 친구들을 위해 일을 한다는 것이 쉽지는 않았나 봅니다.

그렇죠. 이 친구도 왜 노는 게 싫겠습니까? 일하는 것보다 노는 게 더 좋죠. 하지만 사람의 선택 중 이해가 적은 쪽으로 기우는 것이 사람의 일상 중 필요할 때가 더 많을 때도 있습니다. 더군다나 사업을 하는 사람과 영리가 우선인 경우는 더 그런 상황들이 만들어지지 않을까요? 이해가 적은 쪽은 인연도 필요에 따라 생성되고, 목적이 이루어지고 나면 점점 멀어져가는 관계로 엮어져 있어 깊이의 차이가 다를 수 있습니다. 그간 친구들을 위해 무엇인가를 해주고 싶어도 그러지 못한 환경과 이를 이해해 준 친구들에게 미안함을, 조그마한 정성과 마음을 행동으로 보여주려고 노력했던 것이죠. 사람과 사람 사이 이해가 적은 쪽으로 기울기가 많을 때 진정으로 같이할 사람과의 시간도 멀어진다는 것도 알아야 할 때가 아닐까요?

중년의 시간이 오고 갈수록 이해를 구하는 사람은 적어질 것이고 같이 해야 할 친구들을 찾는 시간도 적어질 것입니다. 이해 구하기를 덜할 수 있는 친구, 언제든 만나면 옛날이나 지금이나 변할 줄 모르는 사람, 가장 큰 나의 자산 아닐까요? 가장 소중한 자산, 예쁘게 가꾸고 결실의 인연으로 만드는 것은 누구의 몫일까요?

그들과 보낸 아름다운 시간을 되뇌며 우리의 인연을 되돌아봅니다.

집 나갈래요

"저, 자꾸 그러면 집 나갈래요."

"뭐! 그걸 말이라고!"

얼굴이 붉으락푸르락 어찌할 줄을 몰라 당황하는 모습이 역력히 보입니다. 아들은 오랫동안 해외에서 아버지와 떨어져 공부하고 성인이 다 되어 집으로 돌아와 아버지의 가업을 잇게 하려고 경영수업을 전달하는 과정에서 문제가 발생한 겁니다. 아버지의 보수적인 마인드와 아들이 다른 나라에서 배운 습관과 교육이 충돌하는 순간이었습니다. 서로 자기 입장에서 이해와 배려보단 자기중심과 욕심이 밖으로 나와버린 것이죠.

최근 우리 주변에서 생활의 차이를 극복하지 못하고 각자의 선택을 각자 선택하는 경우들이 가끔 있습니다.

유학, 해외 생활, 기러기 부모, 어느 게 훌륭하고 좋은 선택일까요? 부모는 자식을 위해 희생을 하고 미래를 위해 투자를 했다지만, 자식은 어디까지 부모의 계획과 목표, 사랑을 받아들였을까요?

가족은 한 지붕 아래서 삶을 살며 함께 행동하고 느끼는, 몸과 마음과 애정이 공존하는 가장 소중한 공동체가 아닐까요? 가장 소중한 공동체인 가족과 수장인 부모를 존경하지 않는다면 진정한 인성이 형성되지 않으며, 앞선 기술과 선진문화가 있더라도 그러한 선택은 올바르지 않다고 봅니다. 자식과의 갈등과 불협화음은 해결할 수 없는 숙제이고 문제인 줄 알지만, 바른 인성을 가지고 앞선 이의 행동이 절제된다면 화합과 조합은 가까이 오지 않을까요?

우리들의 회상에서 자식의 문제는 내가 선택한 행복 중 하나인데, 자식을 버리기보단 이쁘게 포장하여 옆에 두시는 건 어떨는지요.

자식!!! 참 그놈 짜식♡♡♡

너 몇 살이야?

"왜 반말이야? 너 몇 살인데?"

"너라니! 누가 잘못을 했는데!"

욕지거리가 오가고 사람들은 구경꾼이 되어 두 사람의 싸움을 보는 중입니다. 차량 접촉사고를 내고는 서로 시비를 가리다 엉뚱한 방향으로 진행되는 일들을 우리는 흔히 보았을 겁니다. 본질은 잊은 채 감정이 앞서고 흥분이 지나쳐 이성이 무너져버린 것이죠. 아마 이런 경우를 겪어도 보시고 구경도 해보셨을 겁니다.

일에는 순서와 방향이 있듯이 모든 사물과 행동에는 본연의 상태가 있을 겁니다. 본질과 본연의 상태를 유지하는 것이 쉬운 일은 아니지만, 평정심을 갖고 처음의 마음으로 대한다면 본질과 본연의 마음은 쉽게 흔들리지는 않을 것입니다.

흔들리지 않는 본연의 자세, 꼿꼿이 세워보시는 것도 어떠하실는지요.

그냥 사람 만나봐

"그냥 사람 만나봐."

"처음부터 좋은 사람이 어딨어? 살다 보면 좋아지고 만나다 보면 정도 드는 거지."

어디서 많이 듣던 이야기들이죠? 인생에서 인연은 처음부터 좋기보단 시간이 지나면서 이루어지는 것이 더 많을 것입니다. 좋은 사람은 세상에 너무 많습니다. 하지만 내가 좋지 않아 그들과의 만남도 결과가 엉뚱하게 되는 경우가 있었을 것입니다.

좋은 만남, 좋은 사람, 좋은 인연.

내가 나를 먼저 갖추고 만든다면 인연의 눈빛은 미소는 부드럽고 인자해질 것이고 웃음소리의 크기는 어느 때보다 크게 들리지 않을까요?

이렇게 만나

처음 사람과 만나 인사할 때 "이렇게 만나 뵙게 되어 반갑습니다."라고 하며 "이야기 많이 들었습니다."라고 인사를 하는 때가 있습니다. 인사를 나누는 사람의 무슨 이야기를 들었다는 것일까요? 이야기의 내용에 따라 대하는 태도의 차이도 보입니다. 권력, 학벌, 경제, 사회적 위치 등 성격도 다를 것입니다.

오늘도 새로운 사람과 끊임없이 만나고 헤어지며 인연들은 만들어지고 있습니다. 인연은 소통일 것입니다. 진정한 마음과 책임을 갖고 사람을 만난다면 어떤 자리와 어떤 경우리도 부족함은 덜하리라 봅니다.

진정한 나의 사람

"그 친구는 주변에 사람이 참 많아. 발도 넓고 사교성도 많아서 많이들 좋아하는 것 같애."

사람들이 많이 모이는 사람에게는 여러 이유들이 있겠죠. 물질적으로 풍부하다든지, 지식이 넘친다든지, 베풂과 배려를 잘하든지, 높은 권력을 갖고 있든지 여러 요소가 있을 겁니다.

그런데 정작 본인을 들여다보면 어떠하신지요. 나를 대신해 줄 수 있는 진정한 사람은 몇 사람이나 있을까요? 시대가 각박해서 진정한 사람을 찾는다는 것이 어렵다고 하지만, 스스로에게 물어보면 내가 왜 못 찾고 있는지도 알게 될 겁니다. 사람의 관계에서도 진실한 노력과 정성을 보탠다면 분명한 변화가 보이지 않을까요?

진정한 나의 사람은 내가 만들어가야 하는 것 아닌지요.

하소연하기 전에

한숨을 푹푹 쉬며 애처로운 눈빛으로 "내 이야기 좀 들어봐."라며 이야기를 시작합니다. 억울하고 섭섭하고 믿지 않고 모두 자기의 정당성 또는 타당성을 크고 작은 목소리로 이야기하는 것입니다. 듣는 이는 듣는 이대로 하소연을 합니다. 사실 듣고 보면 별일 아닌데, 왜 이리 말씀이 많으시고 억울함도 많으신지 흥분까지 하며 목소리를 토해냅니다. 자기중심으로 모든 사항을 펼쳐놓기 때문 아닐까요?

남에게 하소연하기 전에 자기에게 먼저 말을 해보세요. 반성도 하고 계획도 세워질 겁니다. 하소연하며 항상 남을 탓하기보단 자신의 문제를 더 바라보고 찾고 이해한다면, 긴 한숨 소리의 여운은 짧고 마음은 안정되지 않을까요?

서툴어도 괜찮아

"엉성하기는. 하는 일마다 어설퍼."

한 친구가 다른 친구의 일하는 모습을 보며 퉁퉁거리며 불만을 표합니다. 캠핑을 같이 온 친구들은 각자 맡은 역할에 충실하면서 음식, 텐트, 장비 등을 설치하고 만드는 중입니다. 그중 유독 서툰 친구가 있습니다. 보통 잘 같이 다니지를 않는데 꼭 이 친구는 끼는 겁니다. 이 친구는 기계치여서 만들고 설치하는 일은 엉성합니다. 아주 서툰 거죠.

짐이 정리가 되고 음식도 같이 나누어 먹고 술도 얼큰히 취하자, 친구들이 외칩니다.

"야, 이젠 니 차례잖아."

서툰 친구는 계면쩍게 일어나 친구들에게 노래와 개그를 하고 기타 등 악기를 쳐주면서 캠핑의 즐거움을 만끽할 수 있는 분위기를 최고조로 만들어 냅니다.

사람들이 모두 완벽하다면 세상 사는 데 재미가 정말 없을 겁니다. 인생을 살다 보면 부족하고, 서툴고, 삐지고, 삐딱하고, 옆으로도 좀 걷고, 가지각색의 모양들을 가지고 있습니다. 서로 가꾸고, 맞추고, 잘할 수 있는 것과 서툰 것이 서로 조화를 이룬다면 인생을 채워나가는 삶의 재미를 느낄 수 있지 않을까요?

나는 어디에 속할까요

음식점에서 작은 모임의 말하는 소리가 밖에까지 들려옵니다. 잠시 후 모임이 끝나고 계산대에 설 때 "얼마예요?"라고 묻는 이가 있는데, 목소리가 아까 밖으로 나온 소리와 유사한 이가 계산을 합니다. 말없이 다른 친구들의 이야기를 빙긋 웃어가며 많은 이야기를 들어줍니다. 그리고 잠깐만 하고 나가서 바로 들어옵니다. 계산하고 온 것이죠.

두 경우에서 나는 어디에 속할까요? 나는 오늘 둘의 상황을 서로 바꾸어서 해보면 어떨까요? 예측하건대 적응이 쉽지 않을 것입니다. 이렇듯 각자 삶의 방식과 습관이 있어서 얼마 가지 못해 예전 모습들이 재현될 것입니다. 나는 어느 것을 바꾸라 권하진 않겠지만 지금의 상황에서 약간만 보완한다면, 말을 주로 하는 친구는 요점과 핵심을 중심으로 말할 것이고, 다른 친구는 말을 조금 줄인다면 서로 더 친해지는 분위기와 상황이 되지 않을까 싶습니다.

이렇듯 자기 습관은 쉽게 버릴 수 없겠지만 작은 개선을 한다면 어떤 만남과 모임도 친밀감으로 알차질 듯합니다.

여러분의 잔소리를 들려주세요!

책을 읽은 뒤 떠오른 '잔소리'를 적어 이메일(jansolijichimseo@ gmail.com)로 보내주세요. 좋은 잔소리를 선정해 '잔소리 지침서' 2집에 함께 수록하고, 해당 도서를 선물하고자 합니다. 많은 참여 부탁드립니다. 선정되신 분께는 개별적으로 연락 드립니다.

제2장

나
내 안의
가장 지독한 잔소리꾼

신호등

빨강 신호등

아……, 왜 이렇게 눈이 아프지? 오른쪽도 그렇고, 왼쪽도 그렇고………. 요즘 눈이 좀 많이 아프네. 왜 그럴까? 최근 들어 일을 좀 많이 하는 것 같아. 아침에는 AI, ChatGPT 같은 스마트워크 교육을 일주일에 세 시간에서 네 시간 정도 듣고 있고, 고객을 만나는 일은 물론이고, 우리 제품 개발, 그리고 내가 맡고 있는 단체장 일까지 끊임없이 계속되고 있어. 게다가 지방 출장까지 겹치다 보니까 몸이 더 쉽게 지치는 것 같아. 그리고 요즘 글도 쓰다 보니까 컴퓨터나 핸드폰을 보는 시간이 많아졌고, 자연스럽게 피로가 몰려오고, 가장 먼저 나타난 게 눈의 통증이더라고. 눈이 뻑뻑하고, 누르면 좀 아프고 그런 현상. 병원을 가볼까 생각하다가 우선 좀 쉬어보는 게 어떨까 싶었어. 그래서 매일 저녁에 하던 파워 에어로빅 댄스를 하루 쉬고, 푹 자고, 집사람이 쓰는 눈 안약을 넣어봤지. 그랬더니 확실히 눈이 편해졌어.

사람 몸은, 아프기 전에 틀림없이 전조 증상을 보내. 그 전조 증상이 몸에서 시작해서 올라오고, 내가 그것을 감지할 수 있는가에 따라 달라지는 거지. 빨강 신호등이 불을 밝힌 거지.

노랑 신호등

그런데 그걸 감지하지 못하거나, 무시하거나 그냥 넘기게 되면…… 이미 그때는 병이 많이 진행된 상태일 수도 있어. 사람에 따라선 '키'처럼 딱

하고 오는 전조 증상이 있을 수도 있고, 또 어떤 경우엔 미리 예방하라고 조용히 신호를 주기도 해. 그걸 잘 파악하지 못하고 지나치면 더 큰 문제가 발생할 수 있어. 삽으로 막고, 가래로 막을 걸 결국 불도저나 포크레인으로 막아야 하는 상황이 생기는 거야. 그나마 큰 중장비로라도 막을 수 있다면 다행인데, 그렇지 않으면 영원히 막지 못하는 불행한 사태가 발생할 수도 있지.

파랑 신호등

병원이란 곳은 내가 잃어버린 것을 되찾으러 가는 곳이야. 사람들은 병원을 찾고, 비용을 내고서 잃어버린 건강을 되찾는 거지. 그래서 나는 병원에 갈 때 꼭 이렇게 생각해. 내가 건강을 잃었고, 병원이라는 곳에서 그 잃어버린 것을 찾기 위해 비용을 치르는 거라고. 그러니까……, 건강이라는 건 결국 시간과 비용을 내고서 되찾게 되는 경우가 많아. 하지만 전조 증상이 일어났을 때, 그 전에 미리 내응하먼 건강을 완전히 잃어버리시 않을 수도 있어. 그만큼의 비용이나 수고를 덜 수 있겠지.

이건 건강뿐만 아니라, 모든 일에도 해당하는 얘기야. 우리 인생살이에서도 삶의 한 부분, 한 부분마다 꼭 전조 증상이 있다. 그걸 인지하지 못하고 무시하면 더 큰 일이 생길 수도 있는 거고. 삶의 흐름 속에서 그런 전조 증상을 '신호'로 받아들이고, 병원도 멀리하지 않고, 몸도 마음도 돌보는 것이 중요하다고 생각해.

오늘은 전조 증상이 나에게 어떤 의미로 다가오는지 다시 한번 되새겨

보게 됐다. 그게 병이든, 마음이든, 친구든……, 모든 것들 속에서 말이야.

나는 문득 이런 생각을 했어. 이런 전조 증상은 나에게 빨강 신호등처럼 다가오는 것 아닐까? 잠시 멈추라는 신호. 그리고 그 멈춤의 시간을 지나면 언젠가는 파랑 신호등이 켜질 때까지.

빨강-노랑-파랑.

지금 우리들의 몸에서는 어떤 신호를 보내고 있을까요?

삶 속에서 찾은 '찐' 명품

"친구야, 너희 회사 이거 외국으로 수출하는 거 맞지?"

"응응, 프라다라고 외국의 유명한 명품 브랜드야."

"아 그래? 근데 이런 제품들, 가짜 이미테이션 많지 않아?"

"있지. 근데 거기선 그냥 내버려두더라. 단속은 정부가 해."

관세청과 경찰이 단속을 하긴 하지만, 정작 명품 브랜드 자체는 가짜에 크게 신경 쓰지 않는다고 했다. 왜 그럴까? 그만큼 많이 팔리면 오히려 문제 아닐까?

그들은 이렇게 말한다.

"명품은 희소성과 수량의 한정을 통해 브랜드 가치를 관리해. 가짜까지 일일이 대응할 필요는 없지. 오히려 그런 사람들도 언젠가는 진짜를 사고 싶어 하거든. 그들은 우리의 잠재적 고객이자, 미래의 충성 고객이야."

그 말을 듣고 나는 놀랐다. 가짜를 단속하고 싸우는 게 정답이라고만 생각했는데, 그들은 다르게 보고 있었다. 그들은 알고 있었다. 명품을 사는 마음에는 단순한 외형적 멋이 아니라, '언젠가는 나도 이 가치를 갖고 싶다'라는 마음속 깊은 욕망이 담겨 있다는 것을.

명품은 오랜 시간과 노력으로 소수의 제품만을 만들어낸다. 그 희소성이 곧 가격이 되고, 품질이 되며, 상징이 된다. 그래서 가짜가 생기고, 이미테이션이 시장을 뒤흔들기도 한다. 특히 동남아 여행 중 '가짜 명품 거리'에 들러본 사람도 많을 것이다. 그게 관광 코스가 될 정도니까. 그런데도 명품 브랜드들은 여유롭게 바라본다. 왜일까? 그들은 안다. 그 가짜를 사는 이들조차 언젠가는 진짜를 원하게 된다는 것을. 그 순간, 그들은 자연스레 브랜드의 팬이 되고, 충성 고객으로 성장하게 되는 것이다.

친구의 회사에서 들은 이 이야기는 내 시야를 열어주었다. 그들의 상행위, 마케팅 전략, 브랜드의 자존심까지. 단순한 물건이 아니라 하나의 '긍지'로 다가왔다. 사람들이 명품을 원하는 이유는 다양하다. 폼 나기 위해서, 있어 보이기 위해서, 혹은 진짜 필요해서. 하지만 그 중심에는 결국 '내 가치를 높이고 싶다'라는 마음이 있지 않을까?

그렇다면 나는? 나는 지금 내 삶에서 어떤 명품을 만들어가고 있을까? 겉으로 보이는 브랜드가 아니라, 내 태도와 행동 속에서 진짜 '나만의 명품'을 만들어가고 있는 걸까? 누군가에게 이롭고, 행복을 나누어주는 것. 그게 진짜 '삶의 명품' 아닐까? 사람들 속에서 진심으로 만들어지는 내면의 명품. 그것이야말로 진정한 가치가 아닐까? 내 삶의 명품은, 사람들과 뒹굴며 서로를 아우르고 가치를 만들어가는 바로 그 시간 속에 있다.

그러니, 제발 저 잡지 마세요.
나는 지금 삶 속에서 명품을 찾으러 들어가는 길입니다.
찾았어요. 나의 명품을.

삼척 아닌 '삼척'

"야, 너 고향이 삼척이야?"

"삼척? 강원도 삼척? 그 동네야 공기 맑고, 바다도 있고, 환선굴 같은 명소도 많은, 자연과 관광, 교육이 함께 살아 있는 아주 괜찮은 도시지. 그런데 이 '삼척'이라는 말이 요즘은 다른 뜻으로 쓰이곤 해."

"뭔데?"

"있는 척, 아는 척, 잘난 척, 이 세 가지를 묶어서 혹자는 '삼척'이라고 부른대."

누가 유난히 잘난 체하거나, 모르는 걸 아는 척하며 굳이 나서면 "야, 너 삼척이지, 삼척!"하고 웃으며 받아치는 것이다.

사람은 누구나 인정받고 싶어 한다. 내가 아는 것, 가진 것, 이루어 낸 것들을 보여주고 싶어 하기 때문이다. 하지만 진짜 괜찮은 사람은 굳이 자기를 드러내지 않아도 그 존재만으로 느낌이 난다는 것이다. 먼저 나서서 설레발을 치다 보면, 사람들이 그 존재를 받아들이기보단 "웬 잘난 척? 재수 없어."라고 역반응이 일어나게 되는 것이다.

말엔 무게가 실려 있다. 그 무게를 견딜 수 있을 때 나를 꺼내야 사람들은 관심을 기울인다. 신뢰가 오래 가는 사람일수록 겸손하고 조용히 행동하지 않을까?

'삼척'이라는 말은 단순한 농담이 아니라 우리 자신을 돌아보게 만드는 말이다. 나는 지금 있는 척하고 있진 않나? 아는 척, 잘난 척하고 있진 않나? 진짜 갖추어진 사람은 말보다 태도와 행동에서 드러난다. 가볍지도 않게, 무겁지도 않게 내 안의 삼척을 가만히 내려놓고, 사람들 속에서 척이 아닌, 웃고 떠들고, 격려와 응원을 해줄 수 있는 나의 마을을 만들어 놓아야 한다.

삼척의 아름다움과 같은 나의 마을을

"사~~암척 아닌 삼척."

빨리, 느리게 3초야! 3초!

앗, 뜨거워……. 에휴, 조금만 참을걸. 잠깐이면 나오는데 그걸 못 참고 손을 대니……. 너도 참, 그렇다. 뒤에서 보니 그냥 웃음만 나온다.

근데 있잖아, 한국 사람들이 왜 성질 급하다고 하는지 아니? 그게 괜히 나온 말이 아니야. 내가 볼 땐, 대표적으로 이런 세 가지가 있어.

첫 번째, 지금처럼 커피 자판기에서 커피가 다 나오기도 전에 기다리지를 못하고 손부터 대는 거야. 결국은 "앗 뜨거!"라고 하지. 이건 진짜 누구나 한 번쯤은 해봤을걸?

두 번째는, 엘리베이터 탈 때 자기가 누른 층수 가는 것도 기다리지 못하고 닫힘 버튼을 연타하는 거. 아니, 그거 누른다고 더 빨리 닫히는 것도 아닌데 손이 계속 가. 그냥 기다리지를 못하는 거야.

그리고 세 번째는……, 이건 진짜 기가 막혀. 비데 쓸 때 말이지, 큰일을 나 보고 정리될 때까지 소금만 기다리면 되는데, 그 몇 초를 못 참고 일어나다가……, 물이 튀어서 바지 적시고, 낭패 보는 경우. 진짜……, 성질이 얼마나 급한지를 보여주는 극적인 장면이지.

이렇게 보면 기가 차지만, 사실 이게 우리나라의 '빨리빨리 문화'를 상징하는 대표적인 모습들 아닐까?

근데 나는 이 빨리빨리가 무조건 나쁘다고 생각하지 않아. 오히려 그 성질 덕분에 우리가 이렇게나 빠르게 성장한 것도 있지. 우리나라가 지금처럼 발전할 수 있었던 건 첫 번째로는 꾸준한 교육의 힘, 그리고 두 번째는 자식 교육에 온 힘을 다 쏟은 부모님들의 정성. 그리고 마지막으로는 뭐든 빨리해 보려는 이 '급한 성질' 덕분이라고 나는 생각해. 이 세 가지가 합쳐져서 지금의 대한민국, 지금의 K-컬처, K-코리아가 만들어진 거라고 본다니까.

그렇다고 해서 이 급한 성격을 계속 유지하자는 것보단 이제는 좀 바꿔야 할 때가 되지 않았을까.

딱 3초만, 3초만 멈춰보면 어때? 1초는 기다리는 습관, 1초는 생각하는 마음, 1초는 실수를 줄이기 위한 여유. 딱 3초만 있으면 우리가 갖고 있는 이 급한 성질, 그리고 남을 배려하는 마음이 짧아지는 지금 문화가 조금은 달라지지 않을까?

나는 빨리빨리에 담긴 우리만의 열정과 힘을 인정해. 하지만 이제는, 멈춤과 배려, 양보와 생각을 더해보자는 거지. 이제는 '빨리빨리'가 아니라 '빨리 느리게', '빨루', 이걸 실천해 보면 어떨까? 앞차가 조금 늦게 가도 빵빵하지 말고, 엘리베이터 문이 닫히는 걸 그냥 한 템포 기다려보고, 커피 다 나올 때까지 손대지 말고, 큰일 보고 비데 올라올 때까지 일어나지 말고, 딱 3초만, 멈춰보는 거야.

어때? 별거 아닌 거 같은 3초.

세상을 바라보는 여유로움이 생겨나지 않을까?

야~~야 기둘려 봐~~~3초야 3초^^

오늘도, 행복하세요.

명품같은 삶

오랜만에 친구를 만났는데, 친구가 눈에 띄는 명품 옷차림으로 등장했다.

"어, 이거 명품이네. 와, 이런 것도 다 가지고 있어? 언제 샀어? 얼마 줬어? 어디 브랜드야?"

명품은 누구나 갖고 싶어 한다. 비싸서가 아니라, 그 안에 담긴 '가치'와 '자부심'이 느껴지기 때문이다. 그 마음은 물건에만 향하는 게 아니라, 사람에게도 닿아 있는 듯하다. 어쩌면 우리는 모두 명품이 되고 싶어 하는지도 모른다.

명품이 명품인 이유는 단지 가격 때문이 아니다. 희소성, 정성, 오랜 시간의 연구, 그리고 스스로 가치를 아는 태도. 그 모든 것이 모였을 때, 진짜 명품이 된다. 사람도 똑같다. 내가 좋아하고, 올라가고 싶고, 무언가를 이루고 싶은 그 마음. 그건 이미 내 안에 존재하는 '가치'다. 그 가치를 현실로 만들기 위해 우리는 매일 노력하고, 준비하고, 실천한다. 조금씩 쌓이며 나만의 철학과 신념이 생기고, 결국 그것이 나라는 '브랜드'를 만든다.

생각해 보면, 명품을 갖고 싶어 하는 욕망과 내 삶을 더 나아지게 만들고 싶어 하는 마음은 사실 같은 위치에 있는 게 아닐까? 나는 늘 "건강하게 살고 싶다."라고 말하지만, 마음 깊은 곳에는 잘 먹고, 잘 살고, 나답게 살고 싶은 진짜 욕망이 있다. 결국 그것이 내가 꿈꾸는 '명품 같은 삶', 나만의 브랜드이자 프라이드가 아닐까?

명품과 사람의 가치를 단순히 비교할 순 없지만, 명품이 가진 철학과 신념은 결국 우리가 지키고 싶은 삶의 태도와 닮았다. 그래도 나는 믿는다. 잘 먹고, 잘 사는 것. 그게 진짜 명품이고, 그게 바로 나라는 브랜드다.

분유 전쟁

아침에 지인들과 카톡을 주고받다가 막 태어난 손자의 사진을 보게 됐다. 다섯 번째 손자란다.

"아니, 엊그제 예식장에서 봤는데……, 다섯 번째라니! 벌써 이렇게 됐다고?"

세월이 참 빠르다.

"아이고, 다섯 번째 손자라니! 나라에 애국도 하시고, 정말 다복하시네요!", "손자, 손녀 많으시니 얼마나 좋으세요!"라는 댓글도 많이 달려 있었지. 요즘 애 낳기가 얼마나 힘든데. 한 명 태어나면 온 동네가 축하해 주고, 마치 천연기념물이라도 탄생한 것처럼 여긴다니까. 예전엔 그냥 가족이 늘어나는 거였는데, 이제는 아이 하나 태어나는 게 나라의 경사처럼 여겨지는 분위기야.

"근데 요즘은 애 낳으면 다 산후조리원으로 가는 게 기본이지?"

"그렇지. 요즘은 출산하면 산후조리원에서 몸을 회복하고 퇴원하는 게 당연하지. 예전엔 그런 게 어딨어? 그냥 집에서 미역국 한 사발씩 들이켜며 지냈지."

세상이 변한 거야. 산모에 대한 배려와 보살핌이 좋아진 건 사실이지만, 그렇다고 애 낳고 키우는 게 쉬워진 건 아니야. 주거 문제, 교육 문제, 경쟁이 심한 사회 분위기……. 다들 돈이 많아지고 정보가 넘쳐나고, 세상이 좋아졌다고들 하는데, 정작 살아보면 더 힘들다는 소리가 많아. "사람들은 지금이 가장 살기 좋은 시대다."라고 말하지만, 정말 그런 걸까?

기대가 높아진 만큼 현실이 더 버거워진 건지도 몰라.

그런데 오늘 하고 싶은 이야기는 그런 게 아니고. 아이가 태어나서 처음 먹는 게 뭐겠어? 바로 초유지. 엄마의 모유 중에서도 처음 나오는 초유는 면역력을 키워주고 건강에도 좋대.

"근데 요즘은 맞벌이 부부 많아서 초유 먹일 시간도 없잖아?"

"맞아. 그래서 분유로 시작하는 경우가 많지."

여기서부터 분유의 전쟁이 시작된다는 거지. 산부인과, 산후조리원, 병원 할 것 없이 '어떤 분유를 먹일 것인가?'가 엄청난 고민거리가 되는 거야.

"요즘은 분유 회사들 경쟁이 장난 아니라더라?"

"그럼! 처음 선택한 분유가 아이의 평생 입맛을 좌우할 수도 있다잖아."

사실 전문가들도 그렇게 말해. 아기가 처음 맛본 분유가 평생 미각에 영향을 줄 수도 있대. 처음 경험한 맛이 입안에 남아, 자라면서 선호하는 음식에도 영향을 미친다는 거야. 그래서 분유 회사들은 이 시장을 잡으려고 엄청난 경쟁을 벌이지. 산후조리원에서 샘플을 제공하고, 산모들에게 무료 분유를 나눠주고, 마케팅 전쟁이 불붙는데.

"우리 제품이 모유와 가장 유사합니다!"

"소화가 잘되고 면역력 강화에 최고입니다!"

서로가 최고라고 외치는 분유 전쟁 속에서, 부모들은 고민에 빠지게 되지.

"근데 한 번 선택한 분유는 잘 안 바꾼다며?"

"그렇다더라. 애가 처음 먹었던 분유에 익숙해지면, 다른 분유는 거부한다는 거야. 아예 먹지를 않으니, 엄마의 고민이 커지는 거지. 처음 접한 맛이 그렇게나 중요한 거야. 이걸 생각하다 보니, 사람의 첫인상과도 비슷하지 않나 싶어. 누군가를 처음 만났을 때, 불과 몇 초 만에 그 사람의 이미지가 결정된다고 하잖아. 얼굴 생김새, 태도, 말투, 분위기까지."

"그래서 첫인상이 중요하다는 거구나?"

"그렇지. 마치 아기가 처음 접하는 분유처럼, 첫인상도 평생 남을 수 있거든."

나는 처음 만난 사람들에게 어떤 첫인상을 주고 있을까? 그리고 나는 다른 사람들의 첫인상을 얼마나 정확하게 받아들이고 있을까? 내 인상의 첫맛은 어떤 맛일까? 인상을 맛으로 표현하기는 어렵지만, 나의 모습은 내가 가장 잘 알지 않을까? 진실한 맛? 달콤한 맛? 구수한 맛? 얄밉거나 쓴맛? 잘 모르겠다. 그럼, 내 인생의 맛은 어떤 맛으로 변해왔을까? 곰곰이 되새기며 어린 시절 우유 먹던 기억을 떠올려 봤다.

"야, 너 어릴 때 무슨 우유 먹고 자랐어?"

"나는 그거……. 병뚜껑 꾹 누르면 하얀 왕관이 튀어나오는 에스 우유!"

그 우유 맛은 아직도 기억나. 뚜껑을 따면 '뽁!' 하고 공기 빠지는 소리가 나고, 하얀 우유가 찰랑찰랑 병 안에서 흔들리던 그 모습.

음~메~쭈~~~욱^○^

같이 한잔들 하면서 지금 내 인생의 맛은 어떤지 느껴보는 건 어떨는지요!?

쉬엄쉬엄 두런두런

"바쁘다 바뻐, 급해, 지금 너무 급하니까 나중에 얘기해!"

휙 휙, 언제 왔다 갔는지 참 바쁘게 사는 모습이네요. 왜 그리 바쁜지 시간은 언제 갔는지 모르게 곧 6월도 시작되네요. 해놓은 것도 없는 것 같은데 도통 알 수가 없네요.

세월은 알 수가 없습니다. 지나가 보면 나타나는 것이 세월이 아닐까요? 그러기에 세월을 내 것으로 만들기 위해 준비도 하고 노력도 해서 결과를 얻으려고 하는 것이 아닐까요? 좋은 결과든 나쁜 결과든 각자의 몫으로 남는 거, 이왕 세월을 준비하신다면 쉬엄쉬엄 두런두런 아기자기 요모조모 이런 표현과 같게 즐기는 준비는 어떠할까요?

항상 바쁘다는 핑계로 잃는 것도 등한시하는 것도 많은 지금, 돌아온 길을 되돌아보듯 자신은 무엇을 위해 바쁘게 살고 있는지 한번 들어가 보세요. 세월도 바쁜 것보단 쉬엄쉬엄 두런두런 사는 것을 좋아하지 않을까요?

오늘은 정말 자신만을 위한 세월을 만들어보세요.

나는 자연인이다

차가운 물 속을 풍덩 뛰어들고 산을 집 마당처럼 들락거리며 자기만의 삶을 영위하는 사람들이 있습니다.

요즘 TV 프로그램 중 하나인 '나는 자연인이다'라는 프로그램은 여러 사연을 갖고 외지와도 동떨어진 깊은 곳에서 혼자만의 삶과 인생을 엮어 나가는 것이 주 내용입니다. 이들은 커다란 외적 충격, 또는 내적 충격으로 병에 걸려 부득이 마음을 추스르고 병도 고치고자 산으로 들어온 경우가 대부분인 것 같습니다. 우리도 그들을 보면 이해하지 못하는 대목도 있겠지만 나도 한 번쯤은 감행하고 싶은 충동을 느끼지 않았을까요? 지금의 삶이 누굴 위한 것인가를 생각해 보면 왜 나도 산에 가고 강에 가고 싶은 마음이 드는지 스스로 알 겁니다.

무엇이 내가 사는 삶의 진정한 가치일까요? '나도 한번은 자연인이라고 외치고 싶다!'라는 심정을 이해하는 나의 마음은 무엇인지……. "나는 자유인이다!"라고 그냥 소리 질러 보세요. 그들을, 나를 조금은 알 것 같지 않을까요?

오늘도 행복하세요.

대상포진

"왜 이렇게 간지럽지? 이상하네."

가슴 쪽을 살짝 긁어보니 톡 터지면서 진물이 좀 흐르는 겁니다. 모기가 물린 자린 줄 알고 건드렸더니, 조금 다르긴 해도 그냥 대수롭지 않게 넘겼습니다. 그런데 며칠 뒤 겨드랑이 부분에도 비슷한 현상이 나와 긁었더니 상처가 제법 커졌습니다. 요 며칠 사이 기운도 빠지고 약간 어지럽기도 해서 피곤한가 했는데, 이상하게 여겨 주위 사람들에게 물어보니 대상포진 같다고 했습니다. 그래서 병원을 가 진단을 받으니, 대상포진이라고 하며 처방전을 받고 예방할 때 주의할 사항을 듣고 약국에서 약을 구입한 후 집으로 오면서 많은 생각을 갖게 되었습니다.

이 병은 오랜 시간 잠복하고 있다가, 면역력 저하나 스트레스 등으로 몸 안에서 바이러스가 생성되어 피부를 뚫고 올라와 많은 고통과 무기력함을 만들고, 심할 경우 인생의 마지막까지 갈 수 있다고 합니다. 이렇듯 아주 작은 바이러스도 언젠가는 여러 모습으로 자기를 표현하듯 우리네 삶도 언젠가 자신이 뿌려놓은 바이러스에 판단을 받을 것입니다.

'과연 나는 살면서 좋지 않은 바이러스가 잠복하여 살아가고 있는 상황이 있지는 않을까?'라고 반문하게 되었습니다. 가족한테, 친구한테, 지인들에게, 업무적으로 만난 이들에게, 수많은 인연 중에 틀림없이 있을 거라는 생각이 듭니다.

살면서 나는 어떤 형태의 바이러스를 전했을까요? 인류를 구한 귀한 바이러스였을까요, 아니면 인류에게 치명상을 주고 끝까지 잠복하여 가장 내성이 떨어졌을 때를 기회 삼아 공격하는 못된 형태로 살아왔을까요? 좋고 나쁨은 내가 선택할 수 있는 것도 있지만 결과에 따라 선택은 내가 아닌 다른 이들이 만들어버리기 때문에 나의 바이러스 존재가 중요한 것이 아닐까 합니다.

바이러스 같은 미미한 존재도 자신을 표현하듯 남을 위한 면역력을 키워주는 것이 나를 위한 내성을 쌓아가는 길이 아닐까요?

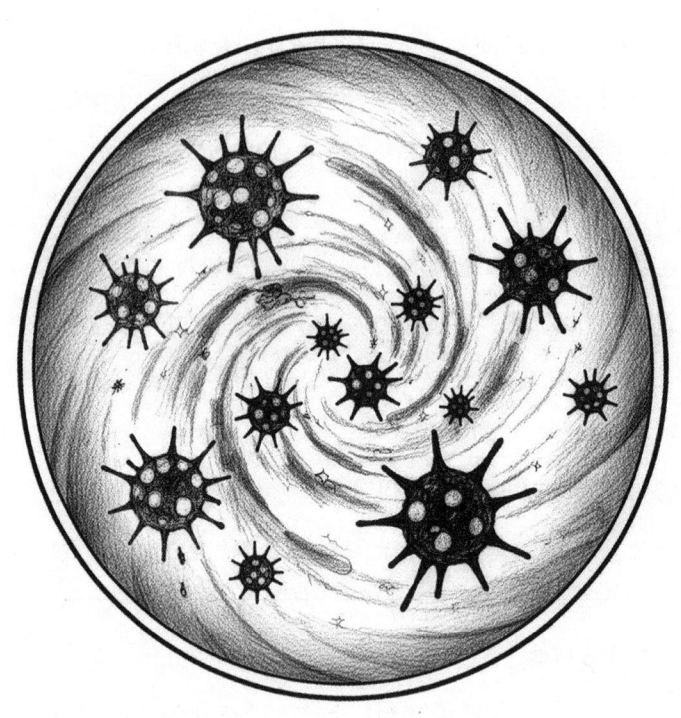

쪽팔림 대신 용기

헉헉……. 땀이 비 오듯 오는데 입가엔 미소가 끊이질 않고 엉성하나 열심히 따라 합니다.

"그렇게 재미있으세요?"

"예, 참 좋은 프로그램입니다. 근데 용기가 필요합니다."

"무슨 프로그램이기에. 미소와 용기가 필요할까요?"

"40명 중 청일점으로 '극한 파워 다이어트 고고 댄스'라는 격한 댄싱을 하는, 여성이 주가 되고 남자는 혼자인 상황이라 뻔뻔함과 용기가 필요한 간 큰 남자가 한 사람 있는데 제가 그 주인공이죠. 거반 6개월이 넘어 회원들과 친해질 만도 한데, 아직도 목례 정도로 인사하는 이방인 같은 존재입니다. 계속 운동해야 할지 고민이 되어 제가 다니는 병원 담당 교수님께 조언을 구해보았습니다."

"낭연히 하셔야죠. 건강수치도 좋아졌고 앞으로의 상태도 괜찮을 깃 같은데요."

"근데 시쳇말로 쫌 쪽팔립니다."

"뭔 말씀이세요? 창피한 건 잠시고 건강은 오래가는 겁니다."

명확한 답을 얻고 기분 좋게 진료를 받고 나왔습니다. 사실 저는 성인병과 수술 후유증이 있어 늘 건강에 신경을 쓰고 있었거든요.

우리는 살면서 체면과 사회적 위치, 오랜 관습, 자기결정 부족 등 이유와 핑계로 꺼리는 일과 행동들이 있습니다. 그러나 용기를 내보시고 편견을 깨보고 나의 가장 중요한 부분이 무엇인지 인지한다면, 여러 제약의

벽과 쪽팔림은 깨질 것이고 용기와 도전이라는 새로운 영역이 만들어지지 않을까요?

지금도 밤 8시 50분만 되면 설레기 시작합니다. 요사이 BTS의 방송 댄스를 배우고 있는데 길에서도 같은 음악이 나오면 몸이 먼저 반응합니다. 저도 많이 적응된 게 아닐까요?

용기와 도전은 새로운 세계를 열 수 있는 우리들의 큰 힘이 아닐까 합니다. 도전과 용기 뻔뻔함까지 보태시고 멋진 성취를 만들어보시면 어떨까요?

젊은이가 되고 싶다!

"고개를 살짝 드시고 조금만 멀리 보세요."

허리가 구부정한 어르신이 열심히 운동장 트랙을 돌고 계십니다. 처음 제가 뵈었을 땐 걷는 것조차 힘들 정도로 몸이 좋지 않은 상태였습니다. 하루 이틀이 지나 지금 두 달 정도 되셨는데 체중도 10킬로그램 이상 빠지셨고, 얼굴 혈색이나 걸음걸이 등이 처음보단 비교할 수 없을 정도로 좋아지셨습니다. 왜 이렇게 운동을 하시냐는 물음에 어르신은 "젊어지고 싶어 발버둥을 치는 것이에요."라고 하며 멋쩍은 듯 웃으셨습니다. 건강을 찾으려고 한다는 답보다 더 도전적인 답을 들은 겁니다.

나도 어르신 같은 연배가 되었을 때 어떤 계획을 하고 있을까? 젊은이들의 생각과 행동처럼 하려고 할까? 내 나이에 맞는 습관적인 생활처럼 하고 있을까, 아니면 이 세상에서 아웃된 상태로 나의 존재가 사라졌을까? 무엇이건 간에 중요한 것은 움직이고, 행동하고, 사고한 것을 실천하려는 시작의 자세가 아닐까 합니다.

오늘 젊은이가 되고 싶다는 멋진 선배 어르신의 말씀에 크게 동감하며, 나도 도전은 아니더라도 지금 계획하는 것을 꿈과 패기는 젊은 시대로, 경험과 지식은 살아온 세월로 합쳐서 실행하려 합니다. 그러면 결과는 짐작되지 않을까요? 하려는 의지와 실천은 나를 어떻게 변모시킬 것인지 스타트 라인에 나를 올려놓고 한 발 내딛는 순간 세상도 같이 뛰어주지 않을까요?

진짜 오복은 뭘까?

"아~~아."

치지직…….

"조금만 벌리세요, 다 돼갑니다."

온몸은 긴장이 되고 주먹은 쥐었다 폈다 했습니다. 오복 중의 하나인 치아를 치료하고 임플란트를 심고 있는데 참 아프고 힘듭니다. 사람이 살면서 오복이 있는데 나는 모든 복이 다 중요하고 필요하다 하겠지만 그중에서 이가 첫 번째로 중요하다 봅니다. 이는 음식이 들어오는 것을 씹어서 사람에게 필요한 에너지를 만드는 첫 과정을 시작하는 제일 중요한 역할을 하는 신체 구조이기 때문이 아닐까요? 먹지 않고는 일할 수 없듯이 치아의 역할은 우리 행동의 시작과 같다고 볼 수 있을 것입니다.

모든 일도 시작이 반이라고 했듯이, 사람에게 필요한 에너지를 얻는 것도 씹는 데서 에너지의 반 이상을 얻는다고 봅니다. 어린이, 청년, 중장년이 지나도 시작이 잘 준비되고 꾸준히 관리했다면 결과도 좋을 것이고 성과도 오래가듯, 사람의 치아 역시 우리네 삶과 비슷하다 볼 수 있지 않을까요?

눈을 지그시 감고 치이익 하는 기계 소리를 들으며 내 인생도 돌이켜봅니다. '앞만 보고 뛰어왔는데 왜 이런 고통을 나에게 주는 걸까?' 하는 자책도 해보지만, 한편으로는 이 치료가 끝나면 새로운 시작을 할 수 있는 데에 도움이 되지 않을까 하고 희망하기도 합니다.

치과를 나오며 지금부턴 흔들리고 깨지고 빠진 내 인생의 여러 부분과 사람들과의 불편했던 인연들을 마음의 병원으로 들어가 치료도 하고 융화도 하여 지금보다 더 나은 인연의 깊이를 만들어보겠다고 스스로와 약속을 해봅니다.

그리고 하루 세 번 식사 후 꼭 해야 할 것, 잘 아시죠? 치카치카, 푸~우!!!

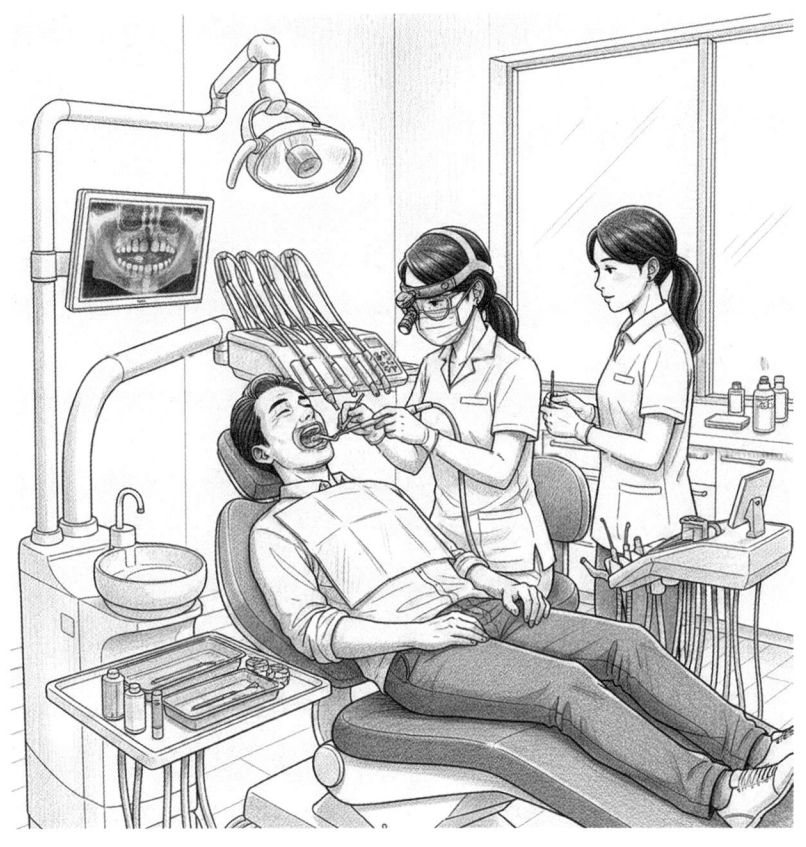

걱정 반, 우려 반

"거긴 날씨가 어때?"

"으응, 비가 꽤 많이 오고 있어."

"여긴 안 오는데?"

"어제는 왔다 갔다 했어."

"요새 비 오면 안 되는데……."

지방에서 오랫동안 농사를 짓는 친구와 통화하면서 걱정 반 우려 반으로 날씨를 이야기해 봅니다.

"이왕 날씨도 이러니 쉬었다 해."

"그래도 밀린 건 손 좀 봐야 될 것 같애."

사람들도 쉬어갈 때가 있는데, 정기적으로 쉬는 날과 예기치 못해 쉬는 경우들이 있습니다. 개인, 가정, 회사에서뿐만 아니라 자신이 속한 여러 상황 속에서도 일어날 수 있는 일들이겠죠.

일본의 자동차 기업인 도요타사(社) 회장은 쉬라는 것은 새로운 기회를 만들기 위한 준비의 시간이고 바삐 움직일 때는 돈을 벌라는 시간을 주는 거라고 했답니다. 사람이든 기계든 휴식은 필요한 것이고, 어떤 타이밍에 쉬는 것이 좋은 효과를 만들어 내는지 개인의 직업과 상황에 따라 차이가 날 수도 있습니다. 그러나 분명한 것은 휴식을 건너뛰고 무리를 한다면 몸은 반응한다는 것입니다. 약하게는 가벼운 몸살감기, 무겁게는 심각한 치료를 받아야 하는 상태까지 만들어 꼭 쉬고 가게 한다는 것이죠. 그 이상이 된다면 영원한 휴식으로 회복이 될 수 없게 만들어 돌이킬 수 없는 격리의 상태를 만들어 놓기도 합니다.

그럼, 우리가 육체적 정신적으로 힘들 때 어떤 방법으로 회복하는지 궁금해지는데요. 육체적인 것은 몸으로 하는 일을 멈추고 맛난 음식과 충분한 수면 등으로 회복의 상태를 만들어 놓을 수 있습니다. 그러나 정신적인 부분은 답을 찾기가 육체적인 부분과 비교할 수 없을 정도로 복잡할 수 있습니다. 우선은 본인의 노력이 중요하겠지만 주변 환경과 사람의 도움이 필요할 때가 더 많을 수 있다는 거죠. 그래서 종교도 갖게 되고 전문가의 조언도 구하고 꾸준한 치료를 통해서 장기간에 걸쳐 회복의 시간을 갖게 되는 것입니다.

그런데 가장 좋은 치료 방법의 하나는 친구들과 만나 수다도 떨고 음식도 나누어 먹고 적당히 운동도 하며, 나를 잊고 그들과 하나가 되는 공유의 시간을 통해 나의 정신적인 어려움을 밀쳐내고 일어나는 겁니다. 친구와의 만남은 언제든 홀가분하고 부담이 없는 좋은 시간이 되듯이, 나도 친구를 불러 내 홀가분한 나의 마음을 나누어준다면 친구의 피로뿐만 아니라 나의 잡념도 사라지지 않을까요? 내 인생에서 한창 힘들 때 나를 일으켜주고 회복시켜 줄 수 있는 이는 친구가 아닐까요? 나를, 친구를, 그리고 주위 사람들까지 모두 어루만져줄 수 있는 회복의 달인은 친구라 정하고 싶은데 나만 그럴까요?

다시 전화를 누릅니다.

내 말 맞지? 그래, 정답이야.

돌아서지 말고 앞으로

"요즘은 테레비에 자막도 휙 지나가고, 돌아서면 잊어버리는 것 같아서 걱정이 될 때가 있어."

"그럼 돌아서지 말고 앞으로 가면 잊어버리지 않을 거고 TV 자막이 꺼지기 전에 손으로 잡으면 되지 않을까요."

"허허^^"

"하하!!"

오랜만에 우리 농협 단체 산악회에서 시산제를 겸한 산행을 다녀왔습니다. 산을 오르며 선배님 한 분과 나란히 걷게 되었고, 자연스레 요새 트렌드인 스마트 기술과 AI에 대한 이야기를 나누었습니다. 다양한 기능과 활용법을 알려드리자, 선배님은 깜짝 놀라며 새로운 세상을 만난 듯한 표정을 지으시며 연배가 있으시다 보니 돌아서면 금세 잊어버린다고 하시기에, 저는 농담 삼아 "돌아서지 마시고 앞으로 가세요!"라고 말하며 함께 웃으며 힘든 줄 모르고 즐거운 마음으로 산을 내려왔습니다.

인생을 살아가면서 나이를 먹는 것은 자연스러운 일입니다. 하지만 그것을 어떻게 받아들이고, 활용하느냐에 따라 인생의 삶도 달라질 수가 있습니다. 내 경험과 지식을 후배들에게 전해줄 수 있다면, 그것만으로도 큰 기쁨이며 삶의 가치가 되지 않을까요.

오늘 선배님과의 산행을 통해 저 역시 새로운 배움을 얻었고, 이 시간이 너무나도 즐겁고 유익했습니다. 건강을 위해 산에 오르는 것도 중요하지만, 정신적 건강 또한 무척 중요합니다. 마음을 나누고, 함께 웃으며 배우는 과정에서 우리는 더욱 건강한 삶을 살아갈 수 있지 않을까요?

그래서 저는 다시 한번 선배님께 말했습니다.

"돌아서지 마시고 앞으로 가시라니까요! 돌아서지 마시고~~~"

오늘 산행의 즐거움을 이렇게 마무리하며, 올 한 해도 안전하고 건강한 산행이 되길 바라며 가사의 한 대목을 미소와 함께 입가에 올려보네요.

가던 길 가지~~왜 돌아보오!!

마음의 기상청 예보

"참 세월 빨리 가네. 벌써 8월이 다 끝났네."

"그래, 올해는 너무 더웠어."

"글쎄, 전년에는 안 더웠고?"

"그전에는 어땠나요?"

"거의 다 비슷했지요."

해마다 날씨가 덥다 춥다 선선하다고 자평을 하며 올여름도 넘어가고 있습니다. 사람들 사이에서 날씨 이야기는 첫 번째 만나서 나누는 인사이자 안부입니다. 날씨에 따라 기분도 감정도 각자 취향에 기반한 느낌들에 따라 변화를 주듯이, 상대방의 기분과 태도에 따라 주변 사람들의 날씨도 가늠이 되지 않을까요?

사람의 감성도 이랬다저랬다 장마철 변덕스러운 날씨만큼이나 혼돈을 주는 부분들이 있습니다. 날씨에 따라 사람들의 정서에는 어떤 변화들이 만들어질까요? 스스로 그날의 날씨를 자기 기준에 맞추어 감정과 행동도 준비하지 않을까요? 화려하거나 차분하거나 중간적이거나……. 음식을 먹을 때도 고기, 야채, 생선, 여러 가지를 혼용하여 만든 것 등 날씨는 다양하게 실질적인 부분에 영향을 미쳤을 겁니다. 날씨의 여러 상황들을 사람에게 견주어본다면 많은 부분이 비슷하지 않나 공감하실 겁니다.

그런데 사람에게는 특이한 것이 있는데, 그것은 씻겨 내려가지 않는 감정의 찌꺼기인 앙금이라는 것이지요. 어떤 기상 상태에서도 해결이 안 된다면 스스로 마음에 날씨를 만들어 흘려보낸다면 내 마음의 기상 상태는 최적으로 변해있지 않을까요?

　누구도 볼 수 없는 나만의 날씨, 궁금하시죠?

　마음의 기상청에서 예보를 드립니다. 아주 끝내준다고.

몸춘 마청

"잠깐만! 기다려봐?"

아침 운동으로 반려견과 함께 산책하는데, 낮은 산을 오르다 갑자기 종아리에서 탁, 하는 소리와 함께 다리를 움직일 수 없는 상황이 되어버렸습니다. 왜 이렇지, 의아해하며 우선 지압도 하고 주무르며 안정을 취하고, 반려견도 옆에 앉혀놓고 한참 다리를 주무르며 생각을 해보았습니다.

'이런 일이 없었는데 어디서부터 문제가 발생하였나…….'

많은 생각을 하다 최근 나의 생활을 돌이켜보면서 원인을 규명해 나가보았습니다. 아침 산책 겸 운동, 회사에서 바삐 움직이는 걸음걸이, 저녁 다이어트 댄스, 월례회 등산, 골프 등의 외부활동……. 몸이 말하고 있는 겁니다.

"니가 지금 나이가 몇 개인 줄 알아? 옛날의 니가 아니야. 조절 좀 해가면서 해!"

사람들은 보통 병이 오기 전 전조증상이 있는데, 이를 무시하거나 방관 또는 방치하는 경우들이 있습니다. 전조증상이란 사전에 준비하라는 알림이라고 볼 수 있는데, 대부분은 무시하고 지나가는 것이 일반적인 성향입니다.

지금부터 어떻게 치료할까 고민입니다. 대학병원, 동네 정형외과, 한의원……. 자료도, 인터넷도, 주위 사람들의 경험도 중요하겠지만, 첫 번째는 지금의 나를 생각해야 하고, 두 번째는 정기적인 점검을 해야 하고, 세 번째는 무리하게 운동하거나 스케줄을 잡지 말고, 마지막으로 이런 대목들을 잘 실천하는 것이 무엇보다 중요할 것 같다고 생각했습니다.

중년에는 육체적 증상 외에 정신적인 면도 아픈 부분이 많습니다. 무거울 중(重) 자를 써서 중년이라 해야할지도 모릅니다. 중년의 무게를 이끌기는 어렵더라도, 벗을 것은 벗고 넘길 것은 넘기고 안 쓸 것은 과감히 정리하는 때가 중년인 지금인 것 같습니다.

오늘 종아리 근육에 문제가 발생하면서 여러 가지를 돌이켜보게 하네요. 지금 중년이신 모든 분들에게 한마디 하자면, 마음은 청춘이라고만 하지 말고 청춘인 마음을 내 몸과 함께할 수 있는 몸춘 마청을 준비해보시는 건 어떨는지요.

몸춘 마청!!!!

가장 어려운 '나를 알기'

"너나 잘하세요."

영화 친절한 금자씨에 나오는 대사 중 한 부분입니다. 자신을 안다는 것은 어렵지도 쉽지도 않은 일인 것 같습니다. 안다면 좁은 것 같고 모른다면 막히는 것 같고 판단의 기준이 애매모호하다 보니 나 자신을 아는 기준도 그렇지 않을까 합니다. 나를 다스리고 나를 이기는 것이 가장 힘들다고 합니다. 나를 이기기보단 내가 선택한 것에 후회가 없는, 최선을 다하는 자신을 바라본다면 나를 아는 것보다 더 좋은, 나를 알아가는 것이 아닐까요?

나를 이기는 것, 나를 알아가는 것, 지금 어느 쪽으로 가고 있나요?

심행일치

사랑도 해봤고 이별도 해봤고
사는 거 별거 없더라

모 가수의 노래 소절 중 일부인데, 인생 재미있고 행복하게 사는 것은 내 마음먹기에 달리지 않았나 합니다. 마음을 먹고 준비를 다 해도 행동하지 않으면 마음만 있는 것이고 실제로 마음을 먹기는 못하는 것이겠죠. 실천하는 사람이 얻을 수 있는 것이 많듯이, 나의 인생도 생각과 행동이 심행일치가 되도록 노력한다면 전부는 얻을 수는 없겠지만 미련과 아쉬움은 최소화되지 않을까요?

심행일치 쉽지는 않겠죠.

가슴이 후련하게

얼굴에 근심이 가득하고 핏기가 하나도 없어 보이는 이가 유명한 대학병원으로 들어갔습니다. 큰 병에 걸려서 당장 수술이라도 해야 할 정도로 발걸음마저 힘이 없어 보였습니다. 그러나 반나절이 지나고 나서 그를 다시 봤을 때는 아침보다 표정도 밝아지고 걸음걸이도 달라져 있었습니다.

사람에게 큰 병 중 하나는 정신에 문제가 있는 병이라고 합니다. 다른 병들도 아프고 힘들게 하지만 정신적 문제만큼은 치료 방법을 찾기가 어렵다고 합니다. 치료 방법 중 한 방편은 한없이 들어주는 것이라고 합니다. 환자들 대부분은 '모두 털어놓고 이야기를 하니 가슴이 후련하다.'라고 한마디씩 한다는 것입니다. 의사들은 환자의 입장이 되어서 떠들어댄다고 생각하며 들어주는 것으로 치료를 진행한다고 합니다.

귀를 여는 것은 조금 여는 것이고 마음을 열고 듣는 것이 진정한 듣기가 아닐까요? 마음을 열고 듣는다면 말하는 이의 가슴은 뻥 뚫릴 것이고, 위로와 용기가 더해져 전해진다면 완쾌의 시간은 예상보다 빨리 다가오지 않을까요?

오늘은 남이든 나든 누구 제 이야기 실컷 떠들고 들어줄 사람 없나요?

뒤로 걷기

"뒤로 한번 걸어봐. 뒤로 걸으면 좋은 게 많대."

"뭐가 좋은데?"

"아냐, 함 걸어봐 뒤로."

동네 공원에서 걷기운동을 하는 아주머니들끼리 수다스럽게 떠들며 뒤로 걷기를 권하는 모습입니다. 나도 슬쩍 귀동냥하며 뒤로 걷기를 해 보았습니다. 앞으로 걷는 것보단 모든 부분에서 어색하고 불편했습니다. 매우 느리게 천천히 걷게 되었습니다. 아주 불편했죠.

헌데 묘한 건 그동안 보지 못했던 것들이 눈에 많이 들어왔다는 것입니다. 사람들의 뛰고 걷는 모습, 어쩔 수 없이 끌려와 걷는 아이, 연인끼리 손을 잡고 걷는 모습, 한두 팀이 모여 족구하는 모습, 애들의 야구 축구 연습, 배드민턴 등 여러 사람들이 운동장을 사용하고 즐기는 모습들을 볼 수 있었던 섭니다. 삼시 후 앞으로 다시 걸었습니다. 이젠 급히 뛰거나 빨리 가는 것보단 느리게 걸으며 꽃도 보고 나무도 보고 떨어진 휴지도 줍고 하늘도 보고 기지개도 켜가며 운동을 마무리했습니다. 집에 오는 동안 '사람 사는 모습이 운동장 안에 다 있구나.'라고 생각했습니다.

우리네 인생도 각자의 생활에서 우선 먼저 가려고 뛰고 땀 흘리고 남을 이겨야 하는 벽을 넘으려 오늘도 살고 있지 않나 싶습니다. 빠르게 흘러가는 세월에 뒤처지지 않기 위해 무척이나 바쁘게 발걸음을 옮기는 것입니다. 빠른 걸음과 바쁜 삶은 효과와 결과를 바로 볼 수 있기에, 많은 사람들은 대부분 빠른 것을 선택할 것입니다. 그러나 한쪽이 빠르면 다른 한쪽은 매우 느리거나 출발도 하지 못할 수도 있습니다. 가족과의 단란함과 친구들의 우정, 깊게 새기기지 못하는 인연 등 보지 못하고 잃어버릴 수 있는 것들이 의외로 많은 것입니다.

동네 아주머니 말대로, 뒤로 천천히 가끔은 일상을 접해보세요. 평소에 잊고지냈던 사람과 풍경이 돌아오고 보일 것입니다. 인생의 한 자락에서 나를 돌아보고 정립하고 알게 할 수 있는 하루를 만드는 것도 필요할 듯합니다. 운동장에서 엿들은 아주머니들의 말을 되씹으며 나를 정립해 봅니다.

뒤로 가봐 천천히

괜찮다니까 해봐 해봐

오늘은 나를 찾는 느림의 미학을 가져봅니다.

나는 행복합니다

나는 행복합니다
나는 행복합니다
정말 정말 행복합니다

어느 중년 가수의 노래가 텔레비전 자막을 타고 흘러나옵니다. 노래를 마치고 토크쇼를 진행하는데, 사회자가 짓궂게 질문합니다.

"정말 그렇게 행복하세요? 행복 안 하실 때는 한 번도 없으시겠네요."

약간 무리한 질문에 그는 질문한 사람을 쳐다보며

"당신은 언제 행복해 본 적이 있나요?"

하며 역으로 질문했습니다. 그랬더니 사회자는 찔끔하며 대답을 못 하고 계면쩍게 웃어넘기는 것입니다. 아마 지금 두 사람은 행복할 것입니다. 사회자는 엉뚱한 질문을 통해 시청자에게 웃음을 주고, 가수도 마찬가지 마음으로 프로를 진행하는 상황입니다.

행복한 사람은 자기가 하고 싶은 일을 하며 성취와 만족을 느꼈을 때 행복하다는 단어를 씁니다. "그럼 일만하고 결과에 따라 행복도 결정되나요?"라고 할 수도 있습니다. 결과는 과정에서 시작되고, 과정을 진행하면서 행복을 느낀 사람은 결과도 마찬가지로 나올 겁니다. 과정 중에는 일상의 일들이 중요할 때가 있습니다. 우선 가족이 있고 친구가 있고 동료가 있고 지인들이 있습니다. 이들과는 일상의 일들을 거의 같이한다고 봐도 과언이 아닐 것입니다. 가족의 따뜻한 품은 나의 안식처이며, 친구는 내 이야기를 들어줄 수 있는 정신적 의지처이며, 동료들은 행동을 같이할 수 있는 동반자이며, 지인들은 뜻을 같이할 수 있는 삶의 지침자들일 것입니다. 이러한 사람과 환경을 옆에 두고 일상의 일들을 함께하는데, 왜 우리는 이들의 소중함을 놓치는 걸까요? 이들은 일상이고, 내가 찾는 만족과 행복은 멀리 있다고 보고 매일 행복을 찾아 헤매는 건가요?

행복도 저축이 됩니다. 소소한 일상의 행복을 모으다 보면, 어느새 나도 모르게 부쩍 커진 배부른 행복의 저금통이 되어 있을 겁니다. 오늘부터는 행복을 모아보세요. 그리고 행복 통장이 가득 찼을 땐 행복 나눔 통장으로 갈아타세요. 아마 통장의 잔고는 가뭄에도 마르지 않는 샘이 되어 있을 겁니다.

이런데도 작은 일상을 소중하게 여기지 않으시고 멀리서만 행복을 찾을 겁니까? 주변에 널린 행복, 얼른 주워 담아 잔고가 넘치는 행복 은행의 VIP 고객이 되어보시는 건 어떠하실는지요.

오늘은 행복 찾기입니다.

눈물의 맛

"에이, 그까짓 것 가지고 울기는. 울지마. 자꾸 울지마. 그러니까 나도 울게 되잖아."

"그렁그렁 눈물을 눈에 달고 있네. 얼마나 슬프면 저리도 눈물을 못 끊을까……."

드디어 우승 금메달을 땄습니다. 수없이 내리는 눈물을 닦아내며 그라운드를 뛰고 있습니다.

그리고 잠시 아나운서의 목소리가 끊깁니다 그도 같이 울고 있는 것입니다.

마음껏 울어본 적이 있나요? 울어본 적이 없다면 인생을 잘 사신 건 아닙니다. 최고의 기쁨과 최고의 슬픔의 눈물을 경험하지 않은 사람과는 사귀지도 마세요. 모든 경험에서 최고의 표현은 눈물입니다. 흘려야 될 때 참고 태연한 척하는 이들은 성격도 두 가지일 것입니다. 어떤 성격일지는 주위 사람들이 더 잘 알 것입니다. 솔직하고 담백한 사람, 다소 부족한 사람 그리고 눈물과 웃음이 있는 사람. 사람 살아 가는 데 이보다 더 좋은 구성은 없을 것입니다. 본인들에게 자문해 보세요. 자신이 이런 구성으로 살고 있는지를.

눈물을 참는 것은 남에게 내 꿋꿋함과 의지를 보일 수 있는 담대한 모습일 수도 있습니다. 그러나 결국 그도 울고 있는 것입니다. 그리고 맹세합니다. 꼭 이 모든 일들을 이루어 낼 것이라고.

눈물은 여러 의미가 있습니다. 흘릴 때 흘리시고 닦아줄 때 닦아줄 수 있는 인생 참맛의 물 아닐까요? 눈물을 조금 찍어 맛을 보시면서 내 눈물은 어떤 경험을 하고 나오는 것일지 생각해 보세요. 마음의 샘물인 눈물을 조금 마셔보세요. 아마 내 인생의 맛도 같이 느껴지실 겁니다.

욱하는 감정

"그 사람 욱하는 성격 좀 버려. 그래서 좋을 게 뭐 있나?"

"참어. 더러워도 참어."

감정이 격해지면 어쩔 수 없이 자기 본성이 튀어나오게 됩니다. 인간의 한계가 드러나는 순간입니다. 감정 없이는 살 순 없으며 이성만으로 살기도 어렵습니다.

"뭐? 냉철하게 이성을 찾어?"

어디서 찾습니까? 욱하는 감정이 나쁜 게 아니라 욱하게 만든 사람이 나쁜 겁니다. 이성과 감정의 판단과 조절은 본인이 하는 거겠지만, 사람의 감정을 자극하는 말과 행동을 절제해 주는 것도 감정을 일으키게 하지 않는 첫 번째 이유가 됩니다.

나는 이성이 많은 사람보단 감정이 많은 사람을 좋아합니다. 이성의 냉철함보단 적당히 실수도 있고 금세 풀어지기노 하는 인간적인 내력을 지닌, 감정이 있는 사람을. 그렇다고 이 무더위에는 감정보단 감성을 자극하는 시원한 말과 행동을 해주시는 게 어떠하실는지요.

말, 말, 말

"응, 그래 그럴 수 있어. 니 생각을 말해봐. 응, 니 말에도 일리가 있어, 그렇지, 그래 맞어."

말은 생각과 마음을 표현하여 겉으로 전달하는 중요한 역할을 합니다. 전달하는 방법에는 글을 쓰거나 몸을 쓰거나 눈빛을 보내 자신의 의사를 전달하는 방법 외의 방법들도 있습니다. 특히 이 중에서 말이 가장 자신의 의사를 잘 표현하여 전달할 수 있는 겁니다. 이렇게 중요한 역할을 하는 말은 어떻게 하느냐에 따라 듣는 이의 행동과 감정이 달라질 수 있습니다. 말은 뱉어놓는 순간 얼마나 멀리 갈지도 모릅니다. 말을 만들어 내는 세 치 혀의 힘이란 상상을 초월하는 힘으로 작용할 때도 있곤 합니다.

말 말 말. 해석은 하는 이의 몫이 아닌 듣는 이의 판단이듯, 무슨 말을 하여 상처라는 흔적을 남긴다면 아마 침묵하느니만 못할 것입니다. 말 상처보단 치유, 아픔보단 위로가 되는 신뢰와 긍정을 갖게 하는 말을 하면 어떨까요?

말을 한다. 듣는 이도 말을 합니다.

니가 무슨 말을 하고 있는지를 말하고 있습니다.

본연의 맛

"요새 핫한 곳이 어디야? 맛있는 게 뭐 있는데?"

"거기 가봐. 끝내주는 곳이야. 죽이더라."

"뭐가 죽이는데?"

정보도 넘쳐나고, 가볼 곳도 많아지고, 신기하고 이상한 것도 많은 게 현재 우리들 세상입니다. 어떤 것을 선택해야 할지 선택 자체가 어지럽습니다. 그런데 최근 트렌드는 단순하면서도 간편한, 본연의 맛과 내용에 충실한 것을 찾는 경우가 많아지는 추세입니다. 대표적으로 집밥이 그렇지 않을까 합니다. 순수한 본연의 맛, 집밥 같은 변하지 않은 내 삶의 진정한 맛. 외식 같은 밖의 음식이 집밥을 앞섰지만, 본질의 맛 그리운 맛인 집밥을 잊지 못하듯, 우리 순수한 삶의 진정한 맛은 무엇인지 집밥을 음미하면서 찾아보시는 건 어떠하실는지요.

범사에 감사

범사에 감사하라는 말이 있습니다. 자주 듣는 명언이라 그런지 거의 무반응으로 받아들입니다. 맞습니다. 대부분 무반응으로 받아들이죠. 일상이고 삶이기 때문입니다.

커다란 행복과 큰 성공만을 위해 매일 노력하고 헤맨다면 쉽게 지치고 빨리 포기하지 않을까 합니다. 일상의 일들 속에 이벤트처럼 목표와 목적을 달성하고 다시 일상으로 돌아오는 과정이 오늘을 사는 우리들의 모습 아닐까요? 아무 일 없듯이 소소한 일상을 소중히 여기고 감사하게 살 줄 아는 것이 삶의 지침이 아닐까 합니다.

소중한 하루, 오늘 어떻게들 보내실 건가요?

적당함으로 알맞게

음식을 먹을 때

"참, 이 맛이야. 깔끔해."

무슨 맛이기에 감탄하며 즐기는 것일까요?

"그 친구 참 변함이 없어."

"그래, 수수한 것 같애."

자연스럽게 행동하는 꾸미지 않는 본연의 모습인 듯합니다.

최근 유행처럼 번지는 것이 성형수술입니다. 이뻐지고 멋있어지려는 것은 어쩔 수 없는 사람의 욕심이라지만, 지나칠 경우 후유증도 만만찮게 남는 것입니다. 적당한 것은 알맞은 것엔 못하겠지만 유행을 비켜나가는 것도 알맞은 것은 아니라 보입니다. 꾸미는 것도 마찬가지 아닐까요? 항상 처음처럼 본연의 마음을 갖는다는 것은 어려운 일입니다. 허나 적당한 자기 꾸밈과 수수한 모습은 최선은 아니지만 본연에 가까울 수 있는 적당한 행동이 아닐까요?

지나침보다는 적당함으로 알맞음을 대신한다면 어떠할까요?

여러분의 잔소리를 들려주세요!

책을 읽은 뒤 떠오른 '잔소리'를 적어 이메일(jansolijichimseo@ gmail.com)로 보내주세요. 좋은 잔소리를 선정해 '잔소리 지침서' 2집에 함께 수록하고, 해당 도서를 선물하고자 합니다. 많은 참여 부탁드립니다. 선정되신 분께는 개별적으로 연락 드립니다.

제3장

일
일 속에서 얻게되는
소중한 잔소리

그냥 냅둬유

"그냥 냅둬유."

"어디 갔다 올 거야? 이번 연휴에는?"

"아직 못 정했어. 5월엔 진도로 내려갔다가 남해 쪽으로 한 바퀴 돌고 왔거든. 이번엔 좀 덜 북적이는 데로 가볼까 고민 중이야."

"좋겠다, 그렇게 자주 다니고. 나는 뭐……, 너무 놀았나 싶을 정도야. 공장 쪽은 생산에 빵구가 나고……. 이게 다 쉬는 날이 많아서 그런가?"

"그러게 말이야. 요즘은 진짜 연휴가 너무 많아진 것 같긴 해.

국내는 다녀도 같은 데 같고, 사람들은 해외로 더 많이 나가고, 그러다 보니 국내 경기가 도움은커녕 더 빠져나가는 느낌도 들고."

"뭐 쉬는 게 필요하다는 건 알지만……, 계속 쉬다 보면 흐름도 끊기고, 나태해지기도하고, 마음이 좀 해이해진다 해야 하나?"

그러자 옆에 있던 친구가

"야야, 잠깐만. 그걸 그렇게 보지 말고, 생각을 좀 바꿔봐. 한 판을 쉬면, 두 판의 여유가 생긴다니까? 그 한 번의 휴식이 오히려 더 큰 기회를 만들 수 있어."

라고 말했다.

"음? 무슨 말이야?"

"쉬는 동안 머리도 식히고, 마음도 추스리고, 생각지도 못한 방향으로 시야가 트이잖아. 단순히 쉰다고 일이 망가지는 게 아니고, 제대로 쉴 줄 아는 사람이 다음 판도 더 잘 짜거든, 그러니까 쉴 땐 확실히 쉬어. 생각

말고 그냥 즐겨. 그게 진짜 휴식이야."

순간 이런 생각이 들었다. 한 판을 쉬면, 두 판의 여유가 생긴다. 5월 과 6월 사이, 쉰 날이 많았다. 징검다리 연휴, 임시공휴일, 대체공휴일까 지……. 너무 많아서 좋기도 하고, 또 불안하기도 했다. 그래서 사람들 사 이에서도 "쉬니까 좋다." 또는 "너무 자주 쉰다."라는 말이 많았다. 하지만 친구의 말처럼, 쉬는 건 결국 다음을 위한 준비일 수도 있고 쉬는 그 순간 이, 생각보다 더 중요한 시간일 될 수도 있다. 문제는 '쉬는 날'이 많은 게 아니라, '어떻게 쉬는가?'에 있다. 몸만 쉬는 게 아니라, 마음도 쉬는 법. 그게 진짜 의미 있는 휴식 아닐까?

"아이, 참~그냥 쉬면 안 돼? 의미 있는 휴식?? 이~ 귀찮아 그냥 냅둬. 내 비둬, 내비둬. 좀 그냥 쉴게."

…맞다. 꼭 뭘 남겨야만 쉬는 건 아니니까. 그래요. 오늘은 그냥 쉬세 요. 아무 의미도 없이, 그냥, 그냥.

하기 전과 하고 난 후

"야, 너는 일할 때 뭐부터 하냐? 쉬운 거부터 해?"

후배나 주변 사람들에게 이런 질문을 할 때가 있다.

"응, 사람들은 보통 쉬운 일부터 하려고 하지. 그게 자연스러운 거니까. 근데 진짜 중요한 건 말이지, 하고 나서 어떤 느낌이 남는가, 그거야. 음식도 그래. 인스턴트 식품은 간편하게 먹을 수 있잖아. 먹기 전에는 '좋다'고 느껴도, 먹고 나면 그 만족감은 금방 사라져. 그런데 오래 끓이고, 정성 들여 만든 음식은 다르지. 먹고 나면 그 맛이 오래 남고, '아, 진짜 잘 먹었다.'라는 기분이 들어. 일도 그래. 사람들이 '성공했다', '수고했다', '잘해냈다'라고 말해줄 때는 대부분 어렵고 남들이 안 하려는 걸 끝까지 해냈을 때거든.

나도 그런 생각을 자주 해. 하기 전에는 당연히 쉬운 게 좋지. 누구나 쉽게 할 수 있는 일을 먼저 고르고 싶어 해. 그건 인간의 자연스러운 선택이니까. 그런데 말이지, 하고 난 다음에 어떤 느낌이 드느냐가 정말 중요하더라고. 쉬운 일은 그냥 그런대로 끝나지만, 어려운 일은 끝나고 나면 오히려 큰 만족감이 찾아와. 그 만족은 단지 결과 때문만은 아니야. 그 과정을 버텨낸 나에 대한 자신감, 또 다음에 어떤 어려움이 와도 해낼 수 있다는 용기 같은 게 생기거든. 그래서 나는 항상 이렇게 생각해. 쉬운 걸 먼저 선택할 수는 있지만, 진짜 의미 있는 건 결국 어렵지만 해낸 일이더라고. 우리가 음식을 만들 때도, 급하게 끓인 것보다 푹 고아낸 음식이 훨씬 깊은 맛이 나듯이.

우리 인생도 마찬가지야. 쉬운 건 금방 지나가지만, 어려운 걸 해냈을 때는 사람도 남고, 인맥도 남고, 결과도 남아. 물론 선택은 자유야. 누군가는 쉬운 일을 택할 수도 있고, 누군가는 어려워 보여도 도전하고 싶을 수도 있어. 하지만 내가 권하고 싶은 건, '하고 난 다음의 만족'을 생각해 보라는 거야. 그 만족이 크다면, 그 일이 아무리 어려워 보여도 해볼 만한 가치가 있는 일이지."

여러분들은 어떤 선택을 하시겠습니까? 쉬운 일, 어려운 일, 예……. 아무 일도 하고 싶지 않다고요? 아~~ 이 선택도 존중해야겠죠?

오늘도 행복하세요.

이게 되네?

"왜 또 일을 벌이냐고? 지금도 바빠죽겠는데……."

조금만 새로운 걸 하자고 해도, 조직에서는 항상 그 반응부터 나와.

"지금 있는 일도 벅찬데 또 뭘 배우라고?"

그건 '일이 많아서'가 아니라, '이해가 안 되기 때문에' 나오는 거거든. 요즘 젊은 친구들은 금방 배워. 툴이건 앱이건, 한번 보고 따라 하면 바로 익히고 써먹어. 근데 기성세대는 그래. 왜 해야 하는지, 어디에 써먹는 건지 납득이 안 되면 손도 안 대. 기술의 문제가 아니라 이해와 의미의 문제야. 그래서 내가 깨달은 게 있어. 이 교육은 누가 뭘 잘하게 만드는 훈련이 아니라, '왜 필요한지'를 느끼게 해주는 기회라는 거야.

최근 우리 회사에서 스마트 AI 챗지피티 교육을 했어. 처음엔 나도 막 시도해 보려고 했지. AI, ChatGPT, 노션……, 들여다보면 확실히 좋아. 근데 직원들이 아무 반응이 없는 거야. 말은 들어도, 마음이 안 열려 있는 거지. 그래서 안 했어. 1년을 기다렸어. 그들이 스스로 '필요하다'라고 느낄 그 순간을 기다린 거야.

어느 날부터인가 여기저기서 AI 얘기가 들리기 시작했어. 직원들 표정이 바뀌더라고.

"그거 나중에 배워놓으면 좋을 것 같긴 하대."

"요즘 다들 쓴다던데?"

그때다 싶었지. 20명 정도 모아 교육을 시작했지. 강의 끝나고 분위기? 딱 한 마디.

"어, 이게 되는구나."

그 말이 나오기까지 걸린 시간, 1년. 그동안 아무 일도 안 한 게 아니었어. 내가 기다렸고, 그들이 느낄 준비를 한 거지.

처음에는 다들 조심스러웠지. 그냥 풍월처럼 들었던 말들,

"ChatGPT가 좋다더라."

"노선이 유용하대."

그냥 흘려듣던 말들이었지만, 이젠 풍월이라도 읊을 줄 아는 단계가 만들어진거지. 서당 개도 삼 년이면 풍월을 읊는다고 하잖아. 근데 중요한 건, 그 풍월이 입에서 나올 때 조직은 달라진다는 거야.

"그게 뭔진 잘 모르겠지만 우리도 써봤어요."

"어느 정도는 말할 수 있어요."

이 말 한마디가 조직에 얼마나 큰 힘이 되는 줄 알아? 이건 단지 몇 가지 사용법을 배운 게 아니라. 새로운 흐름을 이해하고, 따라가겠다는 AI 스마트 호석에 입석한 서시. 변화의 신호탄이라고나 할까? 아주 작은 느낌에서 이렇게 시작하는 거야. 창문을 살짝 여는 것처럼. 조금만 열면 바람이 들어오고, 그 바람이 시원하다는 걸 느끼는 순간, 더 활짝 열게 되지.

바로 그 '시원한 바람'을 맡게 해주는 것, 그게 교육이야. 강요도, 훈계도 아닌 그저 "살짝 열어보세요."하고 손잡이를 주는 거. 그러니까 지금도 누군가는 "왜 또 일을 벌이냐?"라고 하겠지만. 이렇게 말하지 않겠어.

"어~어, 이게 되네."

쓸만한데?

"이건 쓸만한데? 이건 또 뭐야?"

중년의 남자가 주섬주섬 지저분한 쓰레기 속에서 몇 가지를 주워 들고 가는 것입니다. 잠시 후 큰 소리가 들리고 싫은 소리와 듣기 좋지 않은 이야기도 들립니다.

남자는 큰 기업의 회장으로 봉사활동과 기부도 제법 많이 하는, 사회적으로 덕망이 있는 분이기도 합니다. 하지만 그분은 언제나 검소하고 겸손한데 왜 소리를 크게 내며 야단을 치실까요?

처음은 볼트, 너트와 소모품들이 쓰레기장에 있었고 두 번째는 은행송금 수수료를 아끼지 않아서 화를 내는 것입니다. 우리가 보기엔 '고까짓 것 가지고 큰 양반이 쩨쩨하게 왜 그래?'라고 반문하겠지만 나도 모르게 새어나가는 작은 돈을 아끼지 않는다면 큰돈을 모을 수 있는 기회도 많지 않을 것입니다.

내가 무심코 버린 물건과 낱돈이라 챙기지 않고 버려둔 소소한 것들은 없는지 살펴보세요. 작은 것, 미세한 것 등 소소한 것들을 잘 챙기신다면 나도 부자가 되는 길에 한발 앞서 있지 않을까요?

과거타령

"옛날이 참 좋았어. 그렇지 않아? 옛날엔 공기도 맑고 차도 적고 인심도 좋지 않았나?"

구시렁 구시랑 옛날 거를 저렇게나 곱씹는지, 무슨 연유라도 있는지 물어보았습니다.

"웬 과거 타령을 그리 하세요?"

"전엔 다 됐던 일인데 요즘은 통 되는 일이 없어."

과거에 잘됐던 일은 현재가 과거가 되듯 지금 잘된 일도 과거의 현재로 지나가는 것입니다. 왜 안되는지 이유는 분석하지 않은 채 과거의 습관적 형태로 일을 한다면, 세상이 변하고 바뀌어 가는 것을 받아들이지 않은 자신의 문제는 보질 못하는 건 아닐까요?

과거는 현재를 만들 때 참고가 되고, 현재는 미래를 계획할 때 참고가 되지 않을까요? 과거, 현재, 미래, 시간의 흐름으로 정해진 과정이 만들어지듯 우리네 삶도 흐름에 맞는 변화와 기회를 스스로 적용하고 대응해서 삶을 이끌어가야 하겠지요.

지금을 가장 중요하게 준비하세요. 과정은 지금부터 시작입니다.

못 먹어도 고

"고 고, 한 번만 더하면 쓰리고야!"

못 먹어도 고라며 한창 열이 올라 목소리는 높아지고 마음은 바빠지기 시작했습니다. 과연 결과는 어떻게 되었을까요? 상상이 다 가실 겁니다. 폭망이었습니다.

기회는 자주 오지 않기에 과감한 배팅으로 더 많은 이익을 얻기 위해 도전할 필요도 있습니다. 헌데 지나치면 아니 함만 못하다고, 적당할 때 멈추고 조율할 줄 아는 것이 살아가는 데 더 필요하지 않을까 합니다.

고스톱판에서도 인생의 많은부분이 보이듯 우리네 하루 삶에도 모든 것이 다 들어 있고 우리는 그런 하루를 살아가고 있습니다.

오늘은 과유불급이라는 격언과 고스톱판의 화투장을 머릿 속에 그려보는 재미있는 생각을 해봅니다.

지나치면 정말 안 좋을까요? 선택은 자기들의 몫입니다.

에이 못 먹어도 고다~~~!

뭘 찾으세요?

"나가봐, 손님 오셨잖아."

"에이, 살 거 같지도 않게 생겼네."

투덜거리며 영혼 없는 응대를 하는데,

"뭘 찾으세요?"

물건을 보러 온 손님은 물건을 샀을까요, 그냥 갔을까요?

사람은 응대하는 사람의 태도에 따라 마음에 전해지는 것이 달라진다고 합니다. 고객을 맞이할 때 좋은 마음을 갖고 대하지 않는다면 고객은 이미 내 마음을 알고 떠난다는 겁니다. 한 번 떠난 단골 고객은 오랜 시간이 걸려도 다시 만들어지기가 쉽지 않다고 합니다. 고객을 대하는 나는 어떤 마음을 갖고 있었는지 스스로 생각해 볼 대목이 아닐까 합니다. 매일 친절하고 진솔하게 대하기 쉽지 않지만 고객은 항상 나와 함께한다는 마인드로 그늘을 대한다면 지금보단 사업이 분명 좋아질 것입니다.

상대를 대하는 마음, 상대는 이미 알고 있겠죠.

오늘도 행복하세요.

조심 또 조심

"아이코!"

짧은 비명소리와 함께 "큰일 났네!"하며 아주머니 한 분이 사무실로 뛰어갔습니다. 바닥엔 피가 고이고 현장은 아수라장이 되어, 사람들은 "어떻게 하지?"하며 걱정들을 하는 모습들로 주변을 서성거리며

"조금만 주의하지……."

"일할 땐 다른 짓을 하면 안 돼."

하며 지금의 상황을 이야기하는 것입니다. 작은 프레스인 애끼생이라는 기계에 잠깐 깜박하는 사이 손가락 마디가 잘려 나갔다고 합니다. 사고를 당한 사람은 그 후 치료도 받고 재활도 했으나 원래의 기능과 모양은 제대로 돌아오지 않은 상태로 손가락을 사용하고 있습니다. 조금만 주의하고 조금만 신경 쓰고 집중했으면 하는 후회와 아쉬움 안타까움이 남는 대목이 아닐까요?

안전과 사고는 아주 작은 것에서 시작됩니다. 큰일은 사전에 대비하고 준비도 철저히 하나, 눈에 잘 띄지 않는 곳에서 방심하면 예기치 않은 일들이 만들어지거나 벌어지곤 합니다. 주변을 돌아보시면 많은 부분이 노출된 것을 찾을 수 있을 겁니다. 요즘은 장마철 막힌 곳은 없는지 넘칠만한 곳은 어디인지 세심하게 찾고 주의해야 우리 생활을 안심하게 할 수 있지 않을까요?

아침부터 잔소리 같은 이야기를 합니다.

전에 일하면서 보아왔던 내용을 올리며, 안전은 우선 아주 작은 것부터

준비해야 하지 않을까 하는 생각을 일러봅니다. '별거 아닌데?'보단, '대수롭지 않은데?'보단 한 번 더 뒤돌아보는 하루가 되시면 어떠할까요?

여성상위시대

커다란 짐차 위에 여자가 올라가 "이쪽으로 바짝 붙이시고 빨리빨리 끝냅시다."라고 큰 소리로 지시합니다.

"저를 여자로 보지 마세요."

일을 마치고 훌쩍 뛰어서 차에서 내려오면서 하는 이야기입니다.

"자, 시원한 음료 한 잔씩들 하세요."

그런데 갑자기 부드러운 모습으로 화물차 사장님들에게 음료를 권하는 겁니다. 오랫동안 여성 기업인으로 사업을 하다 보니, 일할 때는 여성의 본성보단 근성이 먼저 자리를 차지하는 생활이 습관처럼 되어버린 것입니다. 근데 저와 대화할 때는 일에 대한 이야기도 하지만 여자로서, 어머니로서, 아내로서의 이야기들을 진지하게 고민과 하소연을 풀어놓곤 합니다.

사람은 외면과 내면의 모습이 차이가 날 때가 있습니다. 밖으로 보이는 모습은 일과 상황 환경과 주어진 여건 관계 등 복잡한 형태로 엮인 연결고리가 존재하기 때문에, 변하는 것이 아니라 적응하고 대응하기 때문이라 볼 수 있지 않을까요? 외면의 마음은 그때그때 상황에 맞는 파란색이나 노란색 등으로 변화를 주어 지금의 상황을 잘 마무리하려는 외면적 변화로, 본심하고 다르지 않을까요?

제가 "대표님은 천생 여자입니다."라고 말하니 껄껄 남자답게 웃으며 "그렇죠. 저도 그렇게 생각합니다." 하며 맛과 즐거움을 즐기는 저녁 식사를 마쳤습니다.

과연 내 본연의 모습은 무엇인지, 본연의 모습을 잊어버리고 산 건 아닌지 하는 자기 반문을 갖게 되었습니다. 나의 본모습은 자기 자신이 잘 알지 않을까 하는 생각으로 나를 들추어보니 내면의 모습과 외면의 모습이 다르다는 것을 느꼈습니다. 그러나 본연의 중심은 내면에서 자리를 잘 구축하고 있어 여기까지 나를 이끌어 왔다고도 생각합니다. 내면과 외면의 일체성을 갖는 것은 중요할 수 있으나, 흔들리지 않는 내면을 만들고 끌어 나가는 것이 삶의 축에 중요한 대목입니다. 우리네 인생에서도 내면과 외면의 적절한 조화는 삶을 무리하게 만드는 행동을 줄어들게 하지 않을까요?

나의 삶을 흔들리지 않게 하는 내면의 힘, 선택이 아닌 필수인 것 같네요.

명태와 명퇴

IMF 외환위기 시절, 수많은 이들이 예고 없이 직장을 떠나야 했습니다. 누군가는 강제 퇴직을 당했고, 또 누군가는 '명예퇴직'이라는 이름으로 회사를 떠났습니다. 경제가 위기였고, 구조조정은 불가피하다는 말이 떠돌던 때였습니다.

하지만 요즘의 명퇴는 좀 다릅니다. '명퇴제도'라는 이름 아래, 근속연수가 일정 기준을 넘거나 조직에 변화가 필요하다는 이유로 중장년층 직장인을 향해 조용히 문을 닫습니다. 물론, 퇴직 위로금은 그때보다 훨씬 넉넉해졌습니다. 3년 치 연봉, 4년 치 보상, 이후 일정한 복지 혜택까지 약속하기도 하지요.

그럼에도 명예퇴직은 늘 '명예'롭기만 한 것은 아닙니다. 때론 삶의 한 장을 마감하는 듯한 아픔이 따르고, 계획되지 않은 빈틈에 불안함이 밀려옵니다. 어느 날 갑자기, 직장인이라는 정체성이 사라질 때, 우리는 무엇으로 나를 증명해야 할까요?

사람들은 '명태'에 대해 이야기합니다. 그렇습니다, 그 생선 말입니다. 명태는 세 가지가 있습니다. 하나는 '생태'. 살아있는 명태입니다. 또 하나는 '동태'. 얼어붙은 명태입니다. 그리고 '북어'. 말려서 다시 쓰이는 명태입니다. 이 셋은 결국 한 몸에서 나왔지만, 처리되는 방식과 상태에 따라 이름도, 쓰임도 달라집니다. 우리의 퇴직도 마찬가지입니다.

명퇴에는 또 다른 세 가지 유형이 있습니다.

첫째, 강퇴.

"선배님, 얼마나 일을 못 하셨길래 강제로 잘리셨어요?"

집에서는 아이가 묻습니다.

"아빠, 우리 이제 어떻게 살아요?"

아내도 말합니다.

"당신, 도대체 회사를 어떻게 다녔길래……."

친구들은 말합니다.

"야, 너 그렇게 강퇴당했다며. 어쩌다 그리 됐냐."

"뭘 잘못한 건데?"

가슴을 후벼 파는 말들이, 오히려 퇴직의 충격보다 더 아프게 다가오는 순간들입니다. 설 곳, 기댈 곳, 갈 곳도 없습니다. 참담한 심정일 것입니다.

둘째, 명퇴지만 따뜻한 명퇴.

"선배님, 정말 고생 많으셨어요. 같이 일해서 영광이었습니다."

"애경사에도 꼭 얼굴 비춰주세요."

"여보, 이제는 쉬어요. 우리 아이들도 잘 키우고, 우리도 새출발해 봐요."

"아빠, 저희가 더 아껴 쓸게요. 진짜 고생 많으셨어요."

"야 친구야, 수고했다. 이젠 같이 소주 한잔하며 자주 보며 얘기하자."

"니 회사는 크게 실수한 거야. 넌 진짜 괜찮은 놈인데."

누군가에게 기억되는 존재, 따뜻하게 보내주는 사람들. 이것은 인생이 쌓아온 당신의 진짜 인생 연금 아닐까요?

자, 여러분들은 지금 어디쯤 있습니까? 강퇴인가요? 따뜻한 명퇴인가요? 당신이 걸어온 길, 사람들과 나눈 관계, 품어온 진심이 그 답을 이미 말해주고 있을 겁니다.

생태는 생태이고, 동태는 동태이고, 북어는 북어입니다. 생선 하나도 어떻게 다뤄지느냐에 따라 그 쓰임이 달라지듯, 우리 인생도 마찬가지입니다. 어떤 순간엔 동태처럼 얼어붙지만, 다시 바람에 말려 북어가 되듯, 생태로 다시 살아나듯, 우리 역시 그렇게 새로 태어날 수 있습니다. '명태'는 결국 '내 태도(態)'가 아닐까요? 살아온 흔적이라고 할 수 있죠. 명태든, 동태든, 생태든, 나라는 사람은 여전히 한 사람의 인생으로 살아갑니다.

지금이 어떤 시기든, 나는 어떤 태도를 취할 것인가에 따라 인생도 삶도 달라지지 않을까요?

참, 생태찌개. 시원하고 맛있긴 한데…….

오늘은 펄펄 끓는 찌개하고 소주 한 잔.

캬, 조~오타.

중심

오랜 시간 기업을 해온 업체를 방문하면 낡은 책상에 소파 등 오래된 집기들이 세팅된 사무실을 볼 때가 있습니다. 궁금해서 물어보면 회장님 고문분들이 잠깐 들러서 머무는 곳이라고 합니다. 여러모로 볼 때 불필요한 공간이 아닐지 생각하는데, 오시고 안 오시고 계시고 안 계시고의 차이가 있다고 합니다. 은연중에 나오는 보이지 않는 존재를 알리는 것과 회사의 어른으로 중심을 잡아주는 역할을 한다는 것입니다.

조용하면서도 상징적인 모습. 필요할 때 옆에 있어 주고, 있는 듯 없는 듯 이끌어주는 자세. 우리가 바라고 가야 할 진정한 리더의 모습 아닐까요?

왜 좋은지 알아?

　내 지인 중 우리나라에서 가장 편안한 구두를 만드는 친구가 있는데, 강의도 다니고 봉사활동과 사회활동이 많아 꽤 유명 인사입니다. 이 친구가 젊은 사람과 대화를 가지면 꼭 "젊음이 왜 좋은지 알아?"라고 묻는답니다. 젊은 사람이 머뭇거리며 여러 대답을 할 때 그는 "젊음은 시간이 많아서 좋은 거야."라고 말한다고 합니다. 어른들께 여쭈어보면 어른들은 죽을 날이 머지않아 시간이 없다고 말한다고 합니다.

　우린 시간을 어떻게 여길까요? 하루 한 달, 일 년, 십 년, 시간은 역사가되듯 우리도 역사의 한편을 만들어가는 것입니다. 시간을 소중하다고만 말하지 말고 지금 시간에 무엇을 하고 어떻게 보낼 것인가를 생각하는 것이 시간을 가장 아름답게 나의 것으로 만드는 게 아닐까요?

LA 폭동

LA 폭동 사건이 일어났을 때입니다. 여러 이유들이 있겠지만 우리 교민들의 피해가 매우 컸던 사태였습니다. 꽃집을 운영했던 교민 한 분도 큰 피해를 입고 망연자실한 상태에서 은행에서 전화를 받게 됐습니다. 당연히 비 오는 날 우산을 뺏는 우리나라 은행을 떠올리며 엎친 데 덮친 격이라 생각하며 아예 포기하려는데, 그들은 귀를 의심케 하는 제의를 하는 것입니다.

"당신의 가게는 우리 은행의 최고 고객이십니다. 우리 은행이 무엇을 도와드릴까요?"

이후 그분은 은행의 도움으로 재기하여 현재는 안정적으로 사업을 영위하고 있다고 합니다. 꽤 유명한 일화입니다.

이들을 다시 일으키게 한 것은 신용과 신뢰였습니다. 모든 것을 잃어도 사람과 신용과 신뢰만 잃지 않는다면 어떤 어려운 상황과 역경도 헤쳐 나갈 수 있지 않을까요?

나 참 더러워서!!

"왜 그렇게 열받아 있어?"

"아이 씨, 그만두어야 할까봐요."

"무슨 일인데?"

재차 자초지종을 묻자

"일은 내가 다 하고 상은……, 참 더러워서. 일가친척이 되든지 아니면 사장 친구가 되든지……."

열심히 일했는데 인정을 받지 못하고 조직에서 자꾸 멀어지거나 그만둘 때는 이유가 있습니다. 대표는 항상 자기 직원들을 자랑하고 본인도 후덕한데 왜 새로운 직원들은 오래 다니지 않는지 모른다고 역으로 저에게 묻는 것입니다. 저는 대수롭지 않은 듯

"새로운 직원이 적응을 잘못하거나 다른 불만이 있지 않겠어요? 잘 격려해 주시고 관찰하시면 좋아지겠죠. 직접 면담을 해보시는 것도 괜찮지 않을까요?"

라고 하면서 몇 가지 제안했습니다. 얼마 후 다시 만나 그간 상황을 물으니, 원인을 찾았다면서 자기가 몰랐던 주요한 내용이 있었다고 말하는 것입니다. 터줏대감 같은 역할을 하는 오랜 직원의 못된 행동이 원인이 되었다고 하면서 "내가 사람을 너무 믿었다."라며 후회했습니다. 그런데 어떻게 그 직원을 잘라야 하는지도 더 큰 걱정이라며, 사람에 대한 푸념과 또 다른 문제를 걱정하는 것입니다.

인사가 만사라는 말이 있듯이, 사람이 쉽기도 하지만 대부분 어려운 부

분이 더 많습니다. 조직을 장악하고 있는 특정인이 좌지우지하면서 자기에게 유리하게 종횡한다면 붙어 있을 사람은 거의 없을 것이며, 단체도 마찬가지일 겁니다. 우리 주변과 우리 회사에는 이런 경우와 문제들은 없는지 알아볼 필요가 있을 듯싶습니다.

조직은 분명 불협화음은 있기 마련이니, 원인을 찾아내서 규명하고 서로를 인정하고 격려를 아끼지 않는다면 조직에 부족함이 있더라도 사람의 힘과 정으로 채워지지 않을까요?

사람. 인재, 조직, 단체, 리더, 책임자, 조직원 등 모두 막대를 걸쳐놓아 서로 기대고 사는 사람 인(人) 자를 생각한다면, 같이하는 사람이 소중하게 느껴지실 겁니다.

사람 앞에 사람 없고 사람 위에 사람 없습니다.

세상은 사람이 중심인 것입니다.

사고의 대부분

"그 친구 소식 들었나? 요사이 소식이 뜸해졌어."

"무슨 일이 있대?"

작은 소모임에서 특정인의 이야기가 많이 오갑니다.

"그 친구 참 잘나갔는데. 우리 모임에도 적극적이고 도움도 꽤 주었는데……."

본인이 속한 모임에 이런 일들이 가끔 있었을 겁니다. 왜 그 친구의 생활이 모임에서 회자되고 있을까요? 너무 잘나가서입니다. 앞만 보고 목적과 목표를 위해 달리다 보니, 얻은 것과 잃은 것을 분간하지 못하고 실수와 실패도 구분하지 못하고, 내가 제일 잘한다는 만족과 욕심이 자기를 감싸고 있는 것도 몰랐던 것입니다.

사고의 대부분은 초보자에게서 발생하기보다는 능숙한 숙달자들한테서 많이 발생합니다. 우리의 경험에서도 실수하지 않을 것 같은 소소한 일상과 일들에서 실수가 나오는 것이 대부분입니다. 실수를, 실패를 줄이는 방법은 여러 가지가 있겠지만 우선 욕심은 다 버릴 수 없기에 조금만 가지고, 작은 일을 소중하게 여기고, 내가 최고라는 자만을 멀리 둔다면 실수와 실패는 최소화할 수 있을 겁니다.

실패와 실수는 나의 삶에 큰 경험이 될 수 있고 앞으로의 인생에도 큰 힘으로 바뀔 수 있는 좋은 지식의 힘으로 변할 수도 있습니다. 하지만 경험의 힘을 자만과 독단으로 쓰게 된다면 실수와 실패 이전에 사람들이 주변에서 사라질 겁니다. 실수와 실패는 할 수 있지만 사람을 잃는 실수, 사람을 멀리하는 실패만큼은 꼭 하지 말아야 할 것입니다. 잘하는 것은 실수도 클 수 있습니다. 실패와 실수를 두려워하진 말되 사람을 잃는 실수만큼은 꼭 하지 마시기를 당부드립니다. 대신 언제든지 올 수 있는 인간미 넘치는 실수는 권해드리고 싶습니다.

오늘은 잘하는 것과 사람이 느끼는 인간미 있는 실수를 한번 해보시는 건 어떠하실는지요.

작은 우물의 맛

어렸을 때 한참 뛰어놀던 커다란 운동장이 어느 날 아주 작게 보일 때가 있습니다. 매일 건너다니던 넓은 개울이 좁은 도랑처럼 변했습니다. 우리가 어렸을 땐 어린 생각으로 사물을 보기에 어릴 적 본 자체가 내가 본 세상이기 때문 아닐까요? 시간이 흘러 어른이 되어 세상을 바라보는 눈높이와 생각, 경험, 크기 등이 달라져 있기 때문일 것입니다.

사람이 이렇게 변화에 따라 사물을 다시 보듯, 시간에 따라 사람의 위치도 달라집니다. 달라진 것은 더 넓고 커다란 세상을 경험하고 왔다는 것입니다. 과거의 작은 것은 지금과 비교될 수 없는 상황이 된 것입니다. 사람이 다른 세상을 접하지 않고 안주한다면 그 사람의 미래는 뻔하듯, 과거의 작은 곳은 나를 낳아준 곳이고 세상은 나를 키워준 곳이라 보면 됩니다. 낳아준 곳, 키워준 곳 모두 소중합니다, 소중한 것을 발전시켜 나가는 것 또한 새로운 나의 소중함을 만드는 것입니다.

지금 어디에 계십니까? 아직도 벗어나지 못하는 우물 안 개구리인가요? 내 생각 이외에는 받아들이지 않는 고집불통, 접근 금지, 불허 등으로 내 좁은 마음의 우물을 더 깊게 만들고 있진 않나요? 벗어나고 도전하고 헤쳐 나가서 대양의 넓음에 도달하는 계획을 세우십시오. 계획은 실천을 꼭 동반하고 지금의 나보단 훨씬 커갈 수 있는 하루하루를 보내시면 어떠할까요?

작은 우물물의 맛과 큰 강 그리고 거대한 대양의 물맛은 분명 다를 겁니다.

과감한 불혹의 유혹

"지금 나이에 그걸 할 수 있어? 벌이지 마, 줄여. 경제도 안 좋고 확실한 것도 없잖아."

최근에는 일을 벌이기보단 줄이거나 유지를 하란 말과 현금을 많이 가지고 있어야 한다는 말들을 대부분 합니다. 잘못되면 큰일이라고, 회복하기 힘들다고 몇 번씩 당부하며 투자에 대해 회의적인 반응을 보이기도 합니다. 내가 이렇게 힘이 없어진 건가? 과연 벌이면 망하는 걸까? 자기의 행동을 멈칫하게 하는 게 아니라 아주 멈추게 하는 것입니다. 왜 그럴까? 불혹의 나이는 이미 지났으니, 모든 사업을 확장하지 말란 말인가?

나는 불혹의 나이란 유혹할 힘도 없지만 유혹할 필요가 없는 사람일 수도 있다고 봅니다. 그렇지만 유혹을 받지 못한다면 살아 있지 않는 것과 마찬가지 아닐까요? 내가 유혹하고 당할 수 있는 재산은 너무도 많습니다. 경험, 지식, 인적자산, 재물 등 많은 유형무형의 재산을 일구어놓은 것입니다. 헌데 불혹이라는 함정을 파놓고 이곳에 빠지면 아무것도 할 수 없게 만들어 놓고 삶의 갈 길을 붙잡는다면, 이처럼 억울한 일이 어디 있겠습니까?

시대가 변해 건강도 좋아지고 환경과 정보도 넘쳐나고 수명도 길어지다 보니 할 일도 많아져 있는 게 현실입니다. 불혹과 부동심은 무슨 일이든 평정심을 갖고 하면 어떤 경우든 흔들림 없이 마무리한다고 인식될 수 있습니다. 그렇다면 이제부턴 마음껏 펼치고 투자하시고 유혹을 당하고 유혹을 하는, 행동하는 불혹의 마음을 가지셨으면 합니다.

백세시대 천세시대가 도래하고 있습니다. 오래 사는 시대도 중요하나 언제나 유혹할 수 있는 인생의 행동이 더 필요할 때가 아닌가 합니다.

오늘 한번 해보세요. 그동안 망설였던 누군가에게 과감한 유혹을 시도해 보는 겁니다.

여보세요, 접니다.

아, 예. 그럽시다. 만나시죠.

오세요. 몇 시요? 장소는…….

당신의 유혹은 꼭 성공하실 겁니다.

우리 가족이 먹을 거란 생각

우리 가족이 먹을 거란 생각으로 음식을 만듭니다.

"이렇게 만들면 누가 사겠어? 너 같으면 돈 주고 이 물건 사겠어? 고객이 찾아오겠어? 다시 만들어!"

회사에서 가끔 제품이 나왔을 때 검수라는 것을 합니다. 평소에는 직원들이 자기 이름을 걸고 품질 검사자란에 사인을 합니다. 저는 가끔 육안으로 제품을 검사하며 품질이 이상하다 싶으면 한마디 합니다.

"이거 누가 만들었어? 니가 만들었어?"

직원은 아무 말 없이 "알겠습니다."만 두어 차례하고 즉시 시정합니다.

무슨 일을 할 때 당연히 완벽하게 마무리를 지어야 할 겁니다. 그러기 위해서 최선을 다하고 시간을 맞추기 위해 늦게까지 일하기도 합니다. 고객과 사람과의 약속을 지키기 위함이죠. 제품을 만들 때 최선을 다하지 못하고 남에게 많은 것을 미루고 세월리하여 겨우겨우 납기를 맞춘다면 제품을 받은 소비자의 표정은 뻔하지 않을까요? 내가 하기 싫은 일을 남에게 미루지 않고 솔선수범하고 부지런히 일한다는 마음이 동료들과 통한다면, 무슨 일이든 쉽게 풀려나갈 것입니다.

오늘도 스케줄이 쭉 펼쳐집니다. 누굴 만나고 어떤 일을 해야 할지. 싫든 좋든 살고 있다는 모습일 것입니다. 이왕이면 좋아하는 일보단 거북스러운 일, 남이 꺼리는 일을 우선 해보시면 어떨까요? "잘했어, 속이 다 후련하네."라는 말로 속내를 정리하지 않을까요? 오늘은 속이 후련하고 궁시렁 없는, 내가 솔선수범할 수 있는 일을 찾는 하루를 디자인하시는 건 어떠하실는지요.

결정은 여러분들의 차지 아닐까요?

사람 속으로

"잘들 되어가니? 마무리하는 게 어때?"

"조금만 더 하면 됩니다."

"그려, 얼른 마치고 해장국 먹으러 가자."

며칠간 유명 백화점에서 밤새며 일하는 작업자들과 이를 독려하며 같이 밤샌 대표와 나누는 대화입니다. 직원들은 힘들고 궂은일을 묵묵히 진행하며 마무리까지 차질 없이 끝내는 것입니다.

"사장님, 정리가 다된 것 같아요. 나가시죠."

현장 책임자의 말에 따라 직원들은 먼지를 털고 현장을 떠나 가까운 해장국집으로 새벽 식사를 하기 위해 갑니다 대표는 얼른 물을 따르며 밤샘 수고에 칭찬과 격려를 아끼지 않습니다. 직원들의 표정에서도 대표에 대한 신뢰감과 리더십에 만족한 표정들이 보입니다.

대표는 일을 잘하진 못합니다. 그저 쓰레기를 치우고 공구를 날라다 주는 허드렛일을 하는 것이 대부분이었습니다. 그런데 왜 직원들의 표정은 좋아 보일까요? 함께하고 있다는 동료의식 때문 아닐까요? 무엇이든 함께하려 하고, 필요할 때 옆에 있어 주고, 갖고 있는 것을 나누고, 알고 싶은 것을 가르쳐주고, 기쁨은 축하해 주고, 슬픔은 위로해 주고……. 일의 모든 과정을 같이할 수는 없으나 그들이 필요할 때 같이 있어 준다면 어려움이나 시련은 있겠지만 실패는 없을 것입니다.

리더는 외롭다고 합니다. 외롭지 않은 리더는 항상 주변에 사람과 일이 따른다고 합니다. 리더의 노력은 커다란 것에서 만들어지기보단 작은 일상에서 같이 소통하며 함께한다는 신념을 갖고 대하는 데에서 만들어집니다. 그렇게 한다면 외롭지 않은 리더, 사람이 모이는 리더가 되지 않을까요?

리더, 지금 외로우세요? 그렇다면 사람 속으로 들어가세요. 가장 가까운 그들에게 가시면 외로움은 이미 멀리 날아가 버릴 겁니다.

설득의 힘

외국계 기업에 다니는 친구를 모처럼 만나러 가게 됐는데, 한참을 영어로 통화를 하고 나서는

뭔가 부족한 듯 아쉬운 표정을 짓기에, "왜, 잘 안됐어?"라고 물었습니다. 친구는 영어를 잘해서 외국계 회사에서 중역을 맡고 있는 것입니다. 옆에서 듣던 나도

"별 무리 없이 잘 통화한 것 같은데?"라며 말을 꺼내자, 친구는 "응, 그래. 근데 설득이 잘 안되네."라고 대답했습니다.

"영어를 잘하려면 어떻게 해야 하는데?"

"일반적으로 하는 것도 잘하는 것이지만 그것은 전달에 불과하고, 진짜 잘하려면 남을 설득하는 언어를 해야 돼."

언어는 전달과 소통을 하는 기능을 가지고 있습니다. 문자는 기록이고 음성은 기록을 전달하는 소통입니다. 언어의 최종목적은 소통과 전달이며, 가장 어려운 것은 설득인 것입니다.

"잘 전달되었어?"

"알아들었겠지. 결과가 좋을 것 같애."

"어때, 기분이 괜찮아 보여?"

감정과 표정 눈치 하나까지 관심을 갖는 것은 전달자의 뜻과 마음이 충분히 전달되었는가를 확인해 보는 것입니다. 마음이 열리고 내 편이 되어 줄 수 있는 설득의 힘은 모두가 갖고 싶어 하는 좋은 무언의 힘이 될 수 있습니다. 이런 설득의 힘은 하루아침에 만들어지지 않습니다. 인성, 배려,

이해심, 양보, 경청 등 꾸준한 자기 노력이 병행되어야 하는 것입니다.

언어를 이왕 쓰신다면 소통과 전달을 하기 위한 것과 나도 설득하고 남도 설득할 수 있는 마음을 여는 언어로 쓰셨으면 하는 바람입니다.

대장부보다 전문가

"그놈 참 대장부처럼 생겼어."

"여자가 아냐. 사내대장부 같애."

대장부. 모든 일을 함에 있어 시원시원하고 거침이 없으며 모든 이들을 끌어 나가는 능력을 갖춘 사람을 통칭하는 말입니다. 호연지기는 자연까지 거스르지 않고 순리대로 살아간다는 것까지 포함되지 않나 싶습니다.

그러나 시간과 세월, 시대는 대장부보단 전문가를 더 찾는 편입니다. 모든 것을 이끌기보단 모든 것을 이끌 수 있게 협조해 주는 것이 더 중요한 대목입니다. 정신과 육체가 건강하지 않은 사람은 긍정보단 부정이 많고 옳다고 보기보단 비난적으로 보는 피폐함이 있듯이……

협의와 협조가 어느 때보다 필요한 어려운 시기에 자신의 호연지기는 어느 방향일까요? 리더를 만드는 사람인 전문가일까요, 대안 없는 비판을 하는 속절없는 인간일까요?

과연 어느 쪽일까요?

리더의 트렌드

시대라는 흐름과 유행이라는 말은 시절에 따라 변화가 있습니다. 리더의 트렌드도 다르게 나타나죠. 개발시대 리더는 독단적 결정과 강한 카리스마를 갖고 조직을 이끌어가는 일인 집약형이라 볼 수 있습니다. 산업화 시대 리더는 서로 모여서 각자의 역할을 분장하여 성과를 중심으로 만들어지는 분업적 리더로, 분임조 업종별 조합 결성 등 필요에 따른 리더를 만들곤 했죠. 지금 시대는 여러 과정을 거치면서 모두가 리더가 될 수 있는 개성적 리더라는 형태로 만들어지는 추세입니다.

이렇듯 시대적 흐름은 여러형태의 리더를 만들어 놓았지만, 리더는 내가 끌고 가는 것이 아니라 내가 밀려가는 푸시로 리더가 되는 것이 좋은 것입니다.

Full & Push

끌고 가는 리더일까, 밀어주는 리더일까, 자신만 알 수 있지 않을까요?

잔돈 때문

"왜 이렇게 돈이 빌까?"

"어, 이상하네. 별로 쓴 것도 없는데……."

일반적으로 지출할 때 큰돈이 나가는 것은 눈에 보이기 때문에 어떻게 지출되는지 알 수 있습니다.

결재하는 중에 대표의 목소리가 밖으로 들립니다.

"이건 왜 우리가 부담하는데? 난 이 금액은 결재 못 해. 다시 정리해서 가져와!"

큰 잘못을 한 것처럼 직원은 거의 부동자세입니다.

앞의 경우는 가정에서, 뒤는 회사에서 종종 일어나는 경우입니다. 잔돈 때문이죠. 작은 금액은 대수롭지 않게 생각하고 큰 금액은 당연히 지출될 것이라고 보기 때문이죠. 가정이든 회사든 정해진 금액과 큰 액수는 결제할 필요가 없을 깃 같고 소소한 송금수수료, 카드 할인, 고깃길 비용 등 눈에 띄기 쉽지 않은 것들은 매의 눈으로 관찰하고 확인하여 정리해야 하지 않을까요?

부자가 되려면 어떻게 벌 것인가도 중요하지만 어떻게 쓸 것인가가 더 중요할 수도 있습니다. 작은 것에 인색하다는 소리를 들을 수도 있지만 아끼려는 것과 알뜰한 것을 함께 아울러서 지출을 계획하신다면 삶에 윤택함이 나아지지 않을까요?

첫 출근

아들이 둘 있는데, 큰아들이 오늘 첫 출근을 하는 날입니다. 대학에 다니다 좀 쉬겠다고 휴학하고, 복학 후 학기가 끝나기 전에 취업이 되어 오늘 첫 직장에 출근하는 날입니다. 최근에는 취업이 안 된다고 하는데, 다행히 일찍 직장을 갖게 되어 저도 한시름 놓고 집사람도 좋아합니다. 옛날 저를 생각하면서 괜히 짠해지기도 하고 걱정이 되기도 합니다. 아이가 성장해서 사회의 일원으로 활동하고 조직의 문화에 잘 적응하기를 바라는 마음입니다.

아이는 자기가 배운 것을 잘 활용하고 사회는 아이를 잘 이용한다면 아이는 사회라는 광장에서 마음껏 자기를 표현하고 뛰어놀며 새로운 성장을 할 것입니다. 새롭게 시작되는 인생에 축하와 격려도 중요하지만, 아이가 자기의 역할을 할 수 있게 선배들의 이끌어줌이 더 필요한 대목인듯합니다.

아이와 청년은 옛날의 여러분들이기도 합니다. 아이의 미래, 청년의 내일, 어떻게 성장해 가는지 함께 지켜보고 같이 가시면 어떠하실는지요.

기대어

사람 인(人)은 사람들끼리 서로 기대어 살라고 막대기 두 개를 걸쳐놓은 모양입니다, 또한 서로 소통하며 이해를 구하며 살라는 모양을 띠고 있습니다. 기본적인 사회생활의 모든 뜻이 글자에 잘 배어 있습니다. 우리가 사업을 하며 만나는 많은 지인들도 서로를 인정하고 소통하며 거래를 이어가고 이익을 공유하며 가는 것입니다.

종종 사람을 만나다 보면 우선 판단하는 경우가 있습니다. 금강경이라는 불교의 가르침 중 손님이 가게 안으로 들어올 때 기쁘지 않은 마음으로 손님을 대한다면 나보다 손님이 내 마음을 먼저 알아 절대로 내 물건을 사주지 않는다는 내용이 있습니다. 이렇듯 나보단 남을 우선 배려하는 태도로 사람을 대해야 하지 않을까요? 항상 같은 마음으로 친절하게 대하기가 쉽지 않겠지만, 사업을 하는 한 사람으로서 항상 손님을 대하는 자세만큼은 변치 말아야 하지 않을까 하는 비즈니스의 기본을 밀해봅니다.

동행표 함께라면

"준비, 땅!"

소리가 울리자마자 아이들은 쏜살같이 뛰쳐나갑니다. 헉헉대며 오는 애가 "야 같이 가!"라며 어깨동무를 합니다. 다른 친구도 어깨에 손을 얹으며 뭐가 그리 좋은지 콧노래를 부르며 신나게 등교합니다.

눈을 잠시 감고 지금의 모습을 떠올려 보세요. 괜히 미소를 머금으며 행복한 기분이 쑤욱 올라오지 않습니까? 어깨에 손을 얹고 신나게 가는 모습 상상만 해도 왜 이렇게 좋을까?

동행. 혼자 가면 빨리 가고 같이 가면 멀리 간다고 합니다. 이렇듯 동행은 우리 목표도 달라지게 합니다. 자신의 목표를 혼자 이루려고 하면 작은 달성은 이룰 수 있습니다. 그러나 다른 이와 같이 한다면 계획도 커질 것이고 성공도 넓어질 것입니다. 이렇듯 동행은 많은 부분을 만족하게 하는 신비함까지 있습니다.

요즘 시대 혼자 사는 것이 보편화되었다고 합니다, 혼술, 혼밥, 혼영 등……. 저는 이런 분들께 가장 맛있고 커다란 동행표 함께라면을 강추합니다. 사람이 사는 맛, 함께 사는 맛이 담겨 있기 때문에 저 혼자 먹기에 너무 아까워 강추드리는 것입니다.

동행표 함께라면, 저와 같이 드실 분 언제든 오케이입니다.

사람이 가장 큰 재산

"존경하는 국민 여러분, 저는 이번 선거에서는 지역색을 없애고 꼭 이루려는 것이 있습니다."

"조합원 여러분, 저는 우리 조합원들과 화합하고 단결하여 꼭 우리 조합을 지금보다 훨씬 단합된 모습으로……."

선거판에서는 온통 화합, 소통, 사람 우선, 사람 중심, 사람사람하는데, 왜 이렇게 사람사람하는 것일까요? 우리의 대통령께서도 사람이 먼저라며 사람을 외치십니다.

사람과 사람 사이의 관계를 인연이라 하면 사람과 사람이 통하는 것을 소통이라 하고, 사람과 사람이 힘을 모으는 것을 화합이라 하고, 통틀어 하는 말이 인화인 것입니다. 그래서 사람들은 인화인화하며 뒷말에는 단결, 화합 등을 연결하여 인화를 더 강조하는 것입니다.

"사람이 하는 일인데 무슨 다른 세 필요하겠어? 사람이 가장 큰 재산인데."

사람을 무시하고 등한시하고 미워하고 시기와 질투까지 한다면 재산이 모일까요? 인적 재산은 이미 물 건너간 것과 마찬가지입니다. 재산을 형성할 때 노력이 무엇보다 필요하듯 인화 또한 노력의 산물이라 할 수 있습니다. 사람과의 관계도 노력해야만 좋은 관계가 이어지듯이.

지금 나는 어떤 노력을 하고 있는지요. 노력하지 않으면 얻지 못하는 인화를 얻어가시려면 노력하세요. 사람의 마음을 얻는 노력을 하시면 됩니다.

오늘부턴 인화 노력입니다.

박수 칠 때 떠나기

"왜 그 사람은 그만두겠대? 좀 더 일을 해주면 좋을 텐데. 몸이라도 불편하대? 집에 무슨 문제라도 있대?"

한 사람의 퇴직을 두고 이런저런 걱정스러운 이야기들이 들립니다. 자리도 좋고, 연봉도 많고, 사회적인 위치도 있고, 누구나 한번은 해보고 싶은 단체의 장 자리입니다. 그렇게 좋은 자리를 왜 떠나려 할까요? 그건 당신의 선택이지 우리가 선택시켜 줄 몫이 아니었던 겁니다.

사람이 자기 위치를 알고 떠나기란 쉽지 않은 이야기입니다. 박수 칠때 떠나라는 말이 있긴 하지만 보통은 박수 칠 때 욕심이 더 나를 당기는 것이 대부분일 것입니다. 우리 주변을 보면 직업정치인, 직업단체장, 직업기관장, 직업학교장 등 돈, 명예, 욕심 등이 엉켜서 평생을 자기 끈을 놓지 못하고 사는 인간들이 있습니다. 리더로서 책임자로서 사회적 약자와 민초의 어려움을 들어주는 척하다 자리에만 가면 사람이 두 얼굴을 가진 야누스처럼 변하는 것입니다.

이에 따른 폐단은 얼마나 많습니까? 인재 등용과 성장에 발목을 잡아 차세대를 이끌 지도자를 양성하지 못하는 것과 사와 공을 구별 못 하고 쓰는 많은 돈과 시도 때도 없이 불러 사적인 일을 시키는 행위 등 사람이 할 수 있는 치사한 방법은 다 알고 있는 것 같고 꼭 실행하는 것입니다. 사람들은 많이들 욕하고 비난합니다. 그렇지만 대놓고는 못합니다. 힘을 가진 자는 못된 짓도 자기가 가진 위치의 힘을 빙자해 손해를 입히기에 무섭기보단 더러워서 피하는 겁니다. 요즘 우리 사회가 흘러가고 있는 단

편을 일부 보여주는 것 같지 않으십니까?

　박수 칠 때 떠나라는 멋진 멘트가 있지만 참 어려운 이야기입니다. 쉬운 것은 누구나 할 수 있습니다. 어렵고 힘든 일과 행동을 했을 때 사람들은 칭찬하며 대단함에 경의를 표합니다. 과연 그렇게 할 수 있겠습니까? 내가 서 있을 자리가 어딘지, 어떻게 해야 하는지, 박수 칠 때 정말 떠날 수 있겠습니까? 아니면 박수를 칠 수 있도록 지금부터 내 위치에 맞는 내가 되시겠습니까?

　지금 나는 박수를 치는, 박수를 받는, 그냥 서 있는…… 어느 위치에 있을까요? 고민의 대목은 누가 가지고 있을까요? 나일까요, 당신일까요?

다 태워 먹겠네!

"불 좀 줄여, 다 태워 먹겠다. 국도 넘치잖어, 왜 이렇게 조절을 못 하는 거야? 아 진짜 미치겠네!"

표현이 거칠어지기 시작합니다. 조리하는 사람과 시키는 사람 모두 불편한 심기가 역력히 드러나 보이는 모습입니다. 무엇이 문제일까요? 소통의 부재가 아닐까요? 내가 알고 있는 노하우를 충분히 알려주고 듣는 사람도 정중하게 경청한다면, 목소리 톤은 작아질 것이고 행동은 민첩해지지 않았을까요? 사람이 하는 일, 실수는 할 수 있습니다. 서로를 이해하고 인정한다면 불협보단 협업과 화합으로 바뀌지 않을까요?

쑥개떡

"어디 가시니이껴?"

"아이, 여기 있잖아요. 여기."

"아니, 어디를 가는 거야?"

"아, 깜빡 놓쳤네. 정신이 없다 보니까……."

"근데 뭐야, 빵이 다 떨어졌다고?"

"그럼 뭐 있어요?"

"아이고, 개떡하고 만두는 있는데, 빵은 몇 개 안 남았네."

강화 풍물시장 2층에 오면 꼭 들르는 집이 있다. '선원상회 쑥찐빵·쑥개떡·만두'. 50여 년을 찐빵 하나로 버텨온 이 집은 손님도 많고 맛도 좋아 강화에선 꽤나 알려진 곳이다.

이 집 사장님은 올해 칠십 중반을 넘기신 분으로, 거의 여든 가까이 되셨지만 아직도 직접 장사를 하신다. 나는 이 집에 종종 들러 쑥찐빵 쑥개떡, 만두를 사서 주변 사람들에게 선물하거나 누굴 만날 때 챙겨가곤 한다. 정성스럽게 만든 음식들이라 그런지 먹는 사람마다 맛있다고 좋아들 한다.

사장님의 찐빵 인생은 강화도 선원에서 시작됐다고 한다. 장작불을 때서 쑥찐빵을 찌고, 그걸 '이남박'이라 불리는 바구니에 담아 머리에 이고 강화 옛날 시장까지 걸어 나오셨단다. 그렇게 장사를 하며 자식들을 공부시켰는데, 얼마 전 다시 찾았을 때 사장님 얼굴이 환해 보이셨다. "무슨 좋은 일 있으세요?"라고 물었더니 큰아들이 일본에서 유명한 대기업에 다니는데, 이번에 부모 초청행사로 일본에 다녀와 좋은 대접을 받았다고 하셨다.

"그렇게 기쁠 수가 없더라고. 찐빵 판 보람이 이거지."

자식들은 모두 좋은 직장에 다니고, 시집·장가도 잘 가서 지금은 마음이 편안하시다고 하신다. 그런데

"이 쑥찐빵을 계속 만들고는 싶은데, 나이도 있고 건강도 예전 같지 않으니, 걱정이 돼. 앞으로 이걸 어떻게 해야 할지…….."

"이제 편히 쉬셔도 되죠. 자식들도 잘됐고요."

그랬더니 사장님은 펄쩍 뛰시며

"아유, 일을 해야지. 일 안 하면 내가 못 살아. 장작불 피워 찐빵 찌고, 이남박 머리에 이고 시장까지 걸어 다니며 팔았는데…….. 이 귀한 걸 어찌 그만둬. 자식들 중 누가 이걸 이어받았으면 좋겠지만, 요즘 사람들은 장사하는 걸 힘들고 좀 낯설게 여기니 자신 있게 권하지를 못해."

"무슨 말씀을……. 자랑스럽게 권하세요. 이게 얼마나 귀한 일인데요. 누군가는 이런 일 꼭 이어가야죠."

정성, 고생, 희망……, 그런 것들이 다 들어 있는데 이런 음식, 이런 마음, 이런 이야기는 사라지면 안 된다고 생각한다. 우리네 인생에서도 버릴 건 버려야 하지만, 간직해야 할 건 꼭 간직해야 한다. 강화 풍물시장에 있는 '선원상회 쑥찐빵·개떡·만두도 마찬가지다.

내 인생에서도 사람 건강에도 좋고 맛도 넘치는 인생 찐빵을 만들어보셨는지요. 모락모락 피어나는 삶의 찐빵을 만들어 모든 이와 함께 나눈다면 가마솥 뚜껑을 여는 순간 행복의 따스함도 멀리 퍼져나가지 않을까요?

아참!! 장날엔 오전에만 빵이 있대요^^

가지치기

"그래, 그건 잘라내. 옆의 것도."

"이건 어떻게 할까?"

"그냥 살려놔."

소나무 가지치기를 하는데, 어떤 가지를 살리고 제거할지 정하여 조경 작업을 하는 것입니다. 기준이 무엇일까요? 우선 새로 태어난 가지는 될 수 있으면 살리고, 젊고 튼튼한 가지는 중심으로 잡아주고, 나머지 가지들은 잘라내겠죠. 가지치기는 작고 힘없고 성장에 도움이 되지 않는 가지는 과감히 도려내어 나무 전체를 살리고 필요한 재목으로 성장시켜 큰 결실을 갖게 하려는 것이 아닐까요?

사회든 기업이든 단체든 각자 역할과 위치가 있을 것입니다. 허나 무엇이 현재와 미래의 중심이 될 것인가에 따라 조직도 수술을 통해 건강한 성장을 이끌어 가야 할 것입니다. 삭은 것도 버리기도 아깝고 소중하겠지만 건강한 성장을 위해 작은 것을 제거할 줄 아는 리더가 집도의로서 필요하지 않을까 합니다.

건강한 미래를 위한 메스, 어느 곳을 우선할지 진단을 해보시면 어떠하실는지요.

여러분의 잔소리를 들려주세요!

책을 읽은 뒤 떠오른 '잔소리'를 적어 이메일(jansolijichimseo@gmail.com)로 보내주세요. 좋은 잔소리를 선정해 '잔소리 지침서' 2집에 함께 수록하고, 해당 도서를 선물하고자 합니다. 많은 참여 부탁드립니다. 선정되신 분께는 개별적으로 연락 드립니다.

제4장

사회
세상이라는 거대한
잔소리꾼

문턱

나는 오늘도 많이 느꼈습니다. 우리 기관도, 우리도 이제 변해야 한다는 거요. 찾아가는 행정, 현장에 답이 있다는 말. 진짜 그렇더라고요. 책상 앞에서 서류만 들여다봐서는 절대 몰라요. 그래서 우리가 먼저 다가가고, 찾아가고, 문턱을 낮추는 그런 행정이 돼야 한다는 겁니다. 오늘 기관에 방문하신 분들, 또 우리가 기업에 직접 찾아갔을 때 서로 격의 없이 대화하고, 눈높이를 맞추는 그 순간이 참 소중했어요. '아, 이게 우리가 해야 할 일이구나', 그걸 실감했죠.

오늘은 서울 송파구 쪽에 중소기업을 지원하는 지부의 개소식에 다녀왔습니다. 강남구 쪽이 워낙 크다 보니 남부와 동부로 나눠서 업무를 분담하게 된 거죠. 기업이 많아지니까, 행정도 더 가까이 있어야 하잖아요. 자금, 인력, 마케팅, 수출, 이런 걸 도와주는 기관인데 그 기관의 이사장이 개소식에서 그러더라고요.

"우리는 문턱을 낮췄습니다."

그 말이 이상하게 머릿속에 계속 남더군요. 문턱……, 문턱이 뭐길래. 높진 않은데도 사람들은 자꾸 못 넘어요. 넘기가 힘들고, 넘고 나서도 괜히 어색하고, 딱딱하고. 대화는 격식을 차려야 하고, 서로가 수직처럼 느껴지고. 소통은 전혀 안 되고. 그게 문턱이 주는 정서적 거리 같더라고요.

사람도 비슷하지 않을까요? 사람의 턱은 '덕'이라고 하지 않습니까? 인덕. 포근한 사람, 마음을 편하게 해주는 사람, 내 얘기를 들어주는 사람. 그게 인덕이잖아요. 근데 반대로 턱을 세워서 남을 못 들어오게 하고, 자기만의 벽을 만들고, 가까이 못 오게 하는 사람들도 있죠. 나는 문을 열어 놨다고 생각하지만, 사실은 턱을 높이 세워놓고 있는 건 아닐까요. 그 턱을 넘으려다 지친 사람은 없었을까요. 그 턱 앞에서 그냥 돌아선 사람은 없었을까요.

나는 어느 쪽일까. 턱을 만들고 있는 사람일까, 아니면 그 턱을 없애고 있는 사람일까. 생각해 봅니다.

턱이 작아도, 그 의미는 꽤 큽니다. 누구든, 언제든 말과 수레가 편하게 드나들고 장애인도 비장애인도 자녀든 어르신이든 불편함 없이 들어올 수 있는 그런 공간. 그런 기관. 그런 사람. 나도 그런 사람이 돼야겠다는 생각이 들었을 때. 마음의 문턱을 없애는 것, 그게 시작 아닐까요. 그리고 이왕 생각난 김에 친구들한테 한턱을 내는 건 어떨까요? 기분 좋게, 격의 없이, 마음 확 터놓고 즐길 수 있게.

아나 디지로그

"자, 카톡 한번 열어보세요. 열어보시고요, 그러면 '나'를 누르시면 제일 위에 본인이 뜰 겁니다. 그걸 누르시면 메시지 창이 나와요. 밑에 보면 깜빡깜빡하는 데가 있죠? 거기 누르시고, 키보드가 올라오면 그 옆에 마이크 보이시죠? 그거 한번 눌러보세요. 파란 불이 들어오거나 깜빡깜빡할 겁니다. 자, 이제 말씀하세요. '안녕하세요. 오늘 만나서 반갑습니다.'. 그러면 그 말이 문자로 바뀌어서 뜰 거예요. 그럼, 옆에 있는 '보내기' 버튼만 누르시면 됩니다."

1박 2일 세미나에서 강사님이 해주신 친절한 설명이다. 요즘 유행하는 AI 강의 중 하나였다.

"요즘 세상 너무 빨리 변해서 정신이 없어. 뭐 AI니, ChatGPT니, 스마트니……. 뭐가 뭔지 하나도 모르겠어."

그 말이 꼭 내 이야기 같았다. 우리는 낯선 기술 앞에서 종종 주춤거린다. 그리고 그걸 당연하게 여긴다. 젊은 친구들과 대화가 어긋나고, 그 친구들도 우리를 '꼰대'라 느껴 불편해한다는 걸 안다. 디지털 세대와 아날로그 세대 차이, 참 멀고도 깊다. 그런데, 오늘 문득 이런 생각이 들었다.

"변화에 적응하지 못한다는 건, 삶에서 누릴 기회를 그만큼 잃는 게 아닐까?"

우리는 여전히 감성이 풍부하고, 삶의 경험도 많다. 그런데 그걸 세상의 변화와 접목하지 못한다면, 점점 더 좁은 울타리 안에 스스로를 가두게 되는 건 아닐까? 그래서 나는 권하고 싶다. 한번 도전해 보시라고. 그 어렵다는 AI며, 스마트 기술이며……, 사실은 아주 작은 것부터 시작할 수 있다. 말을 문자로 바꾸는 것부터, ChatGPT 같은 도구를 구청, 동주민센터, 복지관 같은 곳에서 배우는 것부터 말이다. 요즘은 그런 곳들이 꽤 잘 준비돼 있다. 우리는 '디지털 세대'는 아닐지 몰라도, 디지털과 아날로그가 어우러진 '디지로그 세대'는 될 수 있지 않을까? 감성은 아날로그에 남기고, 기술은 디지털에서 받아오는 것. 그래서 '센스 있고 멋진 중년'으로, 멋지게 변신해 보는 것이다.

그렇게 되려면 두 가지만 행동하면 된다. 가장 가까운 곳을 찾아가 배우는 것, 그리고 배운 걸 작게라도 써먹어 보는 것. 이 두 가지만 해도, 우리 안의 감성과 기술이 멋지게 조화를 이루게 될 것이다. 디지털 + 아날로그 = 디지로그. 여기에 감성적 경험과 용기까지 더한다면, 우리는 이제 새로운 인생의 '맛'을 즐길 수 있지 않을까?

"아나 디지로그."

어때요, 이름도 하나 붙여봤습니다. '아날로그의 감성'과 '디지딜의 변화'를 연결하는 우리 세대. 선택과 도전은 여러분의 몫입니다.

오늘도 행복하세요.

꿈의 다리

"와, 왜 이렇게 사람들이 많아? 어우 인산인해네."

"뭐야?"

"그런데 나는 26,400원이고, 너는 1,500원이래."

"아니 왜 이렇게 차이가 나지?"

"아, 그건… 인천 사람들은 인천 주변 섬에 갈 때 뱃삯을 1,500원만 내면 어디든 간다고 하네요."

"그래? 이거 그러면 해운사에 영향이 큰 거 아니야?"

주말에 인천 가까운 섬에 가기 위해 연안부두 제1여객터미널에 갔는데, 사람이 정말 많았다. 왜 그런가 봤더니, 주말이라 인천에 많은 분들이 멀리 갈 필요 없이 가까운 섬 여행을 계획해서 터미널 아래로 인파가 몰려 있었던 것이다. 그래서 물어봤다.

"이 정책 누가 쓴 거야?"

그랬더니 인천시에서 이렇게 진행하고 있다고. 인천 시민들은 정말 많은 혜택을 본단다. 다른 지역 사람들은 정상 가격을 내야 하는데 그 가격 차이가 적게는 10배, 많게는 20~30배까지 나는 경우도 있다. 그런데도 사람이 이렇게 많다는 건 그만큼 인기가 있다는 증거라고 느꼈다.

드디어 1시간이 지나서 배를 탔는데 배 안은 거의 만석이었다. 대단했다. 내가 인천 연안부두에서 배를 타고 제주도도 가봤고, 가까운 섬도 여러 번 가봤지만, 주말에 이렇게까지 만석에 가까운 건 처음이었다.

맨 뒤에 가족으로 보이는 분이 자리를 잡고 담요를 내려놓고 쉬고 계셨다. 그래서 물어봤다.

"혹시 섬에 사세요?"

"예, 저 섬에 삽니다."

"요즘 어떠세요?"

그분이 대답했다.

"관광객들이 많이 와서 섬 경기가 아주 활기차요. 물건도 잘 팔리고, 음식도 잘 되고, 숙박도 많고요. 그래서 섬 주민들도 기분 좋게 살고 있어요. 다만, 사람들이 많다 보니 쓰레기 문제나

조용하지 않은 점, 길이 아닌 곳에 들어오거나 집 앞까지 쳐다보는 불편함은 있지만, 그래도 아무도 안 오는 것보다는 훨씬 낫죠. 너무너무 좋아요."

가만히 생각해 봤다. 1,500원이라는 돈은 누구에겐 큰돈일 수 있지만, 대부분의 사람들에겐 그렇게 큰돈은 아니다. 그 1,500원 때문에 사람들이 주말이든 평일이든 섬을 찾고, 섬 주민들은 관광객들에게 물건도 팔고, 음식도 하고, 숙박도 제공하면서 섬이 활기를 찾고 경기가 살아나는 효과가 생긴다. 해운사에 손실이 생기는 부분은 정책적으로 보조를 해준다고 한다. 그래서 그런지 직원들도 친절하고 한 사람 한 사람 체크인도 잘해준다. 배도 깨끗하고 시설도 좋고, 속도도 빠른 고속선으로 운항하고 있다. 이런 작은 정책 하나가 지역에 큰 활력을 준다. 나는 이런 정책을 적극 지지한다. 섬과 도시를 물리적인 다리가 아니라도 연결할 수 있게 해주는 것, 그게 바로 '꿈의 다리'라고 생각한다.

오늘 인천 연안부두 여객터미널에서 1,500원의 행복이라는 느낌을 받

왔다. 이런 정책이 전국적으로 확대된다면, 작은 것에서 큰 기쁨을 얻고 그 기쁨이 또 국민들에게 사랑받을 수 있다면 나는 1,500원에 대해 극찬하고 싶다. 이 정책을 시행한 담당자들은 정말 좋은 대우를 받아야 한다고 생각한다. 연안부두에서 섬까지 1,500원. 어떤 큰 다리를 놓는 예산보다 더 값지고 효과적인 쓰임이 될 것 같다.

1,500원 꿈의 다리. 참 고맙습니다.

찰칵

요즘은 확실히 남자보다는 여자가 중심이 되는 시대인 것 같습니다. 결혼식만 봐도 모든 것이 신부 중심으로 진행되고, 이제는 시댁에서도 며느리 눈치를 보는 것이 자연스러운 분위기가 되어버렸습니다. 그래서 딸 가진 부모가 최고라는 말이 나오나 봅니다. 시대가 많이 바뀌었다고 느끼면서도, 한편으로는 그게 맞는 흐름이 아닐까 하는 생각도 듭니다.

예전에는 육체적인 노동이 중심이 되던 시기라 남자의 힘과 노동력이 중요했다면, 요즘은 아이디어, 창의력, 디자인 같은 부분에서 여자의 역할이 더욱 두드러지고 있습니다. 게다가 가정의 중심, 아이들의 교육과 정서적 안정 등 많은 부분에서 여성의 역할이 커지다 보니 자연스럽게 '여자의 시대'라고도 할 수 있겠죠.

얼마 전 친구 딸의 결혼식에서도 비슷한 분위기를 느꼈습니다. 결혼을 앞둔 친구들과 이야기해 보면, 다들 딸 가진 부모를 부러워하는 분위기였습니다. 식이 시작되기 전부터 부모들의 기대와 감회가 교차했고, 친구는 긴장한 듯한 모습이었지만, 신부 입장 순간, 아버지가 딸의 손을 잡고 들어설 때 여러 감정이 교차했을 겁니다. 걸음을 옮기는 것도 자연스럽지 않았고, 딸의 손을 사위에게 넘겨줄 때 친구는 많은 생각이 들었을 겁니다. 이제 내 딸이 아니라, 한 남자의 아내로서, 새로운 가정을 꾸려가는 사람으로서의 삶이 시작되는구나. 그런 느낌이었겠죠.

예식은 요즘 트렌드에 맞게 주례 없이 진행되었습니다. 대신, 아버지나 지인들이 덕담을 나누고, 위트 있는 이야기와 축복 속에서 따뜻한 분위기로 진행되었죠. 최근 결혼식은 정형화된 주례보다는 가족과 친구들이 전하는 진심 어린 말들이 더 감동을 주는 것 같습니다.

'여자가 우선이다, 여자의 시대다'라는 말이 점점 더 와닿는 시대이지만, 결국 한 가정을 이끌어가는 것은 부부라는 생각이 듭니다. 부부는 일심동체라고 하죠. 나와는 또 다른, 하지만 함께할 또 하나의 나를 만나는 것이 결혼이 아닐까 싶습니다.

오늘 친구 딸의 결혼식을 보며, 두 사람의 앞날에 건강과 행복이 가득하기를 기원합니다. 두 사람이 함께 만들어갈 미래가 알차고 행복한 결혼 생활로 이어지기를 바라며, 그들을 응원하고 축복을 보냅니다.

그리고 무엇보다도, 이 순간까지 사랑으로 아이를 길러온 친구와 그의 아내에게도 깊은 감사를 전합니다. 부모로서 헌신하고, 좋은 가정을 만들어 온 두 분의 노고가 있었기에 오늘의 행복한 결혼식이 가능했을 것입니다. 새로운 가족이 조화롭게 어우러지고, 행복한 가정을 이루기를 바라며 양가 부모님께도 감사를 전합니다.

우리 아이들은 꼭 행복할 겁니다. 그리고 저도 오늘 이들을 위해 행복을 빌어봅니다.

자, 여기 보세요! 하나, 둘, 셋, 찰칵!

오늘도 행복하세요.

꼭 현금이

잘사는 유럽 사람들이 나이 먹을수록 현금이 더 필요하다고 합니다. 그쪽 나라들은 복지나 노후보장이 세계에서 제일 잘돼있는데 왜 현금을 많이 가지고 있으려고 할까요? 양로원이나 요양 보호 시설에 손주들이 올 때 현금으로 용돈을 주면 자주 찾아온다고 합니다. 그래서 현금을 갖고 있으려 한답니다. 남의 이야기 같지 않죠? 잘산다는 유럽 국가에서는 지금 우리 어른들의 현실과 비슷한 상황들이 이미 오래전에 생활의 일부가 되었다고 합니다.

사람이 힘과 능력이 있을 때 미래를 적당히 준비하여 갖춰놓지 않는다면, 소중한 것을 포기하거나 잃어버릴 수도 있습니다. 내 인생을 처음부터 삶이 끝날 때까지 이끌어가긴 힘들겠지만, 소중한 것을 지키고 즐거움을 나눌 수 있고 작지만 베풀 줄 아는 삶을 준비할 필요가 있지 않을까요? 마지막까지 인생을 주연배우로 살려면 무엇보나도 지금부터 준비하는 것이 중요할 것 같습니다.

설령 주인공이 아니라도 멋진 조연은 어떤가요?

함께하는 나눔

사람들이 식당 앞에 줄을 길게 선 채 대기하면서 옆에 있는 사람과 기분 좋은 대화를 나누며 각자 식판에 밥과 찬을 담아, 소찬이지만 만찬 같은 저녁 식사를 즐기는 겁니다. 과일, 떡, 음료수 등 디저트까지 다 먹은 후 와자지껄 소리가 나는 장소로 이동하여 공연을 관람하고 있네요. 건강 콘서트라는 이름으로 한 사람이 주관하고 여러 사람들이 재능기부를 통해 신나고 흥이 넘치는, 말 그대로 건강을 찾고 웃음을 선사하는 즐거운 시간을 갖는 중입니다.

연말에는 불우이웃이나 소외계층 등 온정의 손길을 보내는 것이 일상화된 듯하지만, 자비를 들여 오랜 시간 공연하고 기부를 하고 남에게 봉사를 실천하는 이가 제 주변에 지인으로 있습니다. 오늘 공연하는 날인데, 공연을 볼 때마다 그 친구가 한 말이 생각납니다. 이것저것 자기가 가진 것을 나누어 주다 보면 가진 것이 축날 것 같은데, 되레 많은 분들의 도움으로 더 부자가 되는 것 같다고 하며 친구가 웃었습니다. 이해가 잘 안되는 부분도 있긴 하지만 내가 하지 못하는 일이기에 부럽기도 했습니다. 자기는 평생토록 이 공연을 이어갈 것이라며, 친구는 무대 위로 뛰어 올라가 춤과 노래로 관객들과 하나가 되어 신명 나게 놀고 있습니다. 제목이 건강 콘서트라 하는데, 건강 콘서트란 나눔을 실천하여 나를 행복하게 하고 사람들의 마음에 나의 행복을 전해주어 다 같이 행복해지자는 의미라 합니다.

나눔. 어떻게 해야 할까요? 멋있게, 크게 할 수 있는 것도 좋겠지만 내가 가진 작은 것, 따뜻한 마음, 배려와 양보, 서로를 이해하고 이끌어주는 자세만으로도 나눔은 이어진다고 합니다. 어렵지는 않을 것 같은데…….

이번 겨울은 어느 때보다 더 춥고 힘들다고 합니다. 이럴 때일수록 우리들이 작은 나눔이라도 정성껏 만들어 갖게 해준다면 어떤 추위와 어려움도 나눔의 온기 앞에서 스스로 녹아내리지 않을까요? 나눔은 행복을 채워갈 수 있고 부자가 되는 길이라 하는데, 두 가지를 다 가질 수 있는 길을 함께 걸어가 보시는 건 어떨까요?

제가 먼저 앞장서도 될까요? 안된다고요? 함께하는 나눔이 되길 희망한다고요?

예, 그리하겠습니다.

그건 상식이잖어

"아이, 그건 상식이잖어. 그걸 위반하면 어떡해?"

"보는 사람도 없잖어. 너무 그러지 마."

우리는 살면서 암묵적으로 질서가 있습니다. 객관적 질서 혹은 관습적 질서라고 하기도 합니다. 우린 아주 어릴 적 초등교육 이전에 질서에 대한 교육을 거의 다 배웠을 겁니다. 그리고 반복해서 행동하고 살아가는 것이 아닐까요? 객관적 질서가 무시되거나 뭉개졌을 때 우리는 법과 사회적 질서라는 상식으로 잘못의 잣대를 정하곤 합니다. 사람을 상대할 때도 질서가 있습니다. 존중과 이해 인정은 사람과의 사이에서 필요한 항목 중 우선이 아닐까 합니다.

사회의 질서, 사람과의 질서, 공유할 대목은 무엇인지……. 지금도 질서는 이어지고 우리 사회는 돌아가고 있습니다. 사회질서의 주체가 우리이기 때문 아닐까요? 우리의 질서, 흔들림은 있어도 흐트러짐은 피하고 스스로 지키고 만들어가는 우리가 되면 어떨는지요?

오늘도 행복하세요.

건배사는 젊은 사람 먼저

"한 잔합시다!"

잔을 들고 건배를 제의하자, 서로 미루며 서열을 정하는 듯한 분위기가 됩니다. 이래저래 한 분이 덕담과 더불어 힘차게 건배를 외치십니다. 요즘 연말에 많이 보는 풍경일 수 있죠. 다양한 건배사와 특이하면서도 자신의 캐릭터를 알리려는 내용 등 여러 소리가 들리는 것입니다.

그런데 왜 건배사를 하면서 서열에 따라 위치가 은근히 정해질까요? 오랜 우리의 관습과 알게 모르게 작용하는 무언의 힘에 의한 논리가 아닐까요? 이런 익숙한 모습보단 다르게 준비해서 진행을 해보시는 건 어떨까요? 모임을 시작할 때 건배사는 젊은 친구의 힘차고 높은 구호로, 중간쯤은 모임에 중심이신 분이, 마지막엔 덕담을 해주시는 어른이 순서대로 한다면 지금 젊은이들이 꺼리는 기성세대들의 관례적 형식에서 약간 벗어나지 않을까요?

우리 사회는 '미래의 주인공이다.', '시대를 이끌어갈 사람이다.'라고 젊은이들을 칭찬해 놓고, 왜 막상 좋은 일, 폼 잡는 일의 행사에는 구습의 형식으로 왜 돌아갈까요? 미래의 주인공이라는 젊은 세대에게 우선권을 줄 수는 없는지……. 알게 모르게 정해지는 건배의 순서를 새롭게 고치자는 게 아니라, 몇몇 사람들만의 전유물 같은 건배의 문화가 이루어지는 자리를 현재의 주인공과 미래의 주인공이 서로 격려와 응원의 건배주를 만들어 함께 나누는 훈훈한 자리로 만든다면, 한해가 기분 좋게 마무리될 것이고 새해의 발걸음은 가볍고 활기차지 않을까요?

혹시 오늘 모임들 있다면 꼭 한번 해보세요. 그리고 자기 자신을 위한 건배도 잊지 마시고요.

오늘도 행복하세요.

아직도 나와?

"저 사람은 아직도 나와. 내가 초등학교 때부터 봤는데."

요새 TV에 나오는 일부 연예인과 방송인들을 볼 때, 몇몇 사람들이 화면을 독차지하고 있는 거 같은 느낌이 듭니다. TV를 켜는 순간 이 채널, 저 채널, 공영, 종편, 어느 방송이든 같은 얼굴, 같은 멘트, 같은 패턴이 지루하단 표현을 넘어 지겹다는 것이 더 맞지 않을까요?

현재 시대를 사는 일상 중 방송이 미치는 영향이 얼마나 중요한 부분을 차지하고 있는지 다 알고 있을 겁니다. 시대를 이끄는 것들 중 정치적, 문화적, 사회적, 교육적인 부분 등 다양한 요건들이 있으나, 모든 상황을 이쪽저쪽이 아닌 한쪽으로 바라보게 하고, 균형 잡힌 전달로 미래를 이끌어주는 길잡이 역할을 할 수 있는 것이 방송의 의무와 책임 아닐까요? 그럼에도 특정 내용과 인물들이 대부분의 채널과 시간을 독점하다시피 한다면 우리들의 정보와 시각도 일편으로 갈 수밖에 없지 않을까요?

오랫동안 방송에 모습을 보이는 인물들은 나름대로 노력과 준비 등을 통해 현재를 유지하고 있을 수 있습니다. 그 또한 인정해야 하는 부분일 수 있으나, 새로운 것과 보고 싶은 것을 추구하려는 시청자의 권리도 받아들여져야 한다고 봅니다.

일본 프로그램 중 아이돌 가수들이 나오는 프로그램을 중년이 한참 지난 사회자가 진행하고 있다는 이야기를 들었습니다. 우리 방송도 이렇게 흘러가서는 안 되지 않나 하는 걱정도 해봅니다. 내가 좋아하는 사람을 오래 보는 것도 좋을 수 있겠지만, 다양한 인물과 신인을 발굴 및 선택하여 경쟁력과 신선함으로 이끌어준다면 시청자의 호응도 높아질 것이고 채널도 고정되지 않을까요?

방송의 변화된 모습, 이젠 보여줄 때도 된 것 같은데……. 나만의 생각인지 스스로에게 답을 구할 수가 없어 다시 채널을 돌려봅니다.

방심은 폭망으로

"금메달, 금메달입니다!"

손을 번쩍 들어 올리며 우승을 직감하는 순간, 전광판의 등위가 이상하게 나왔습니다. 당연히 일등인 줄 알고 기쁨에 도취해 있을 순간 이해 못할 일이 벌어진 것입니다. 잠깐 사이 뒤 선수의 앞발 걸치기로 눈 깜박하는 사이보다 더 빠르게 결승선을 통과한 것입니다. 여러 명이 함께 뛰는 계주에서 마지막 선수의 이른 세레모니로 메달의 색깔이 바뀌는 순간을 국민들은 안타깝게 지켜보고 있습니다. 언제냐고요? 롤러스케이팅 계주 결승전에서 대만 선수에게 1위를 넘겨주는 기가 막힌 순간을 말하는 겁니다. 인터뷰하는 동안 선수들은 울고 마지막 선수는 고개를 떨군 채 어깨가 흔들릴 정도로 흐느꼈습니다. 그간의 고생과 앞으로의 계획과 미래에 대한 꿈도 방향도 모두 물거품이 될 수 있는 최악의 상황이 만들어진 겁니다.

모든 일을 진행하고 마칠 때 꼭 점을 찍어야 마무리가 되는 경우가 있습니다. 물도 99도에서는 절대 끓지 않듯이, 사람도 마지막까지 최선을 다한 다음 결과의 기쁨을 누려야 하지 않을까요?

오늘 결과를 통해 선수들은 많은 것을 배우고 느꼈을 겁니다. 어쩌면 내일의 꿈을 이루기 위한 커다란 가르침이 아니었을까요? 그들은 미래에 어떤 일을 하든 최고의 프로로서 일을 완벽하게 추진하고 마무리하여 성공을 이루는 사람으로 만들어질 것 같습니다. 살아가는 데 아픈 경험은 미래의 밭을 경작하는 데 좋은 밑거름이 되듯이, 그들의 앞날에도 행운과 행복이 함께하기를 기원해 봅니다.

대한민국 화이팅!

대표선수들 화이팅!

팔도 사나이

"아이고마 그래요. 내마 거기 아입니껴. 아따, 거시기하고만요. 그랑께 그렇죠."

억센 말투와 걸쭉한 어투로 대포를 한잔하며 정이 넘치는 술잔을 즐기는 한 무리의 사람들이 있습니다. "그런데 고향은 어디입니까?"라고 누가 물어보자, 얼른 대답하기보단 계면쩍어하며 "뭘 물어봐유, 그냥 그려유." 라고 충청도식 구수한 사투리로 말하는 것입니다. "아 충청도구나." 하니 "예, 전 팔도 사나이입니다. 팔도가 고향이지요."라는 대답이 돌아옵니다. "팔도가 고향이라니, 그런 게 어디 있어요?"라고 하자, "여기 있잖아요." 하며 허허 웃는 것입니다. 먹고 사는 일에 최선을 다하다 보니 여러 동네 사투리까지 배우게 됐다며 약간은 어색하지만 그들과 어울리며 가깝게 지낼 수 있는 좋은 방법이라며 왜 팔도 사나이가 됐는지를 설명합니다.

"에이, 그래도 어디인데요?"라고 묻자, 아부지가 이북 사람이라 딱히 제 고향은 없고 서울에서 태어나 자랐고 학교도 마쳤다고 합니다. "그럼, 서울 사람이지요."라고 하자 그는 아버지의 사연을 이야기하면서 "언젠가는 나도 그곳에 가서 원고향의 냄새를 묻히고 오고 싶다"라며 술잔을 돌리며 분위기를 바꾸려고 "위하여!"를 힘차게 소리치며 원샷을 하는 겁니다.

명절만 되면 항상 방송매체를 통해 이북에 남겨둔 가족과 조상님들을 위해 망향단이라는 곳에서 합동 제례를 지내는 모습을 봅니다. 고향이 무엇이기에 그들은 평생 잊지 못하고 그곳을 꼭 가려 할까요? 그것은 아마도 본능이라 볼 수 있지 않을까요? 내가 태어나서 나의 모든 것에 시작과 기본을 만들어주고 내 삶의 기둥이며 의지가 되어준 곳. 그곳에 가면 나의 모든 것이 있는 것 같고, 내가 힘들 때 돌아가고 싶어지고 기대고 싶은 곳. 그곳이 고향 아닐까요? 본능을 찾아간다는 것은 당연한 이치일 것입니다.

올 추석은 유난히 달도 크고 쉬는 날도 많으니 더욱더 그곳이 그리워지지 않았을까요? 다 같이 쳐다볼 수 있는 달을 보며 그들도 나도 같은 마음으로 소원을 들여보내 봅니다. 그들 마음의 고향을 발로 걸어서 무릎을 꿇고 허리를 굽히고 양다리를 꼬고 앉아서, 냄새를 맡고 싶어 하고 가져오고 싶어 하는, 들과 산과 강에 있는 흙을 냄새와 담아 올 수 있기를 바란다고 두 손을 모아 마음으로 전해드립니다.

올해 추석도 연휴를 마지막으로 사람들이 일상으로 돌아오고 있습니다. 팔도 사나이는 오늘도 대폿잔을 기울이며 만난 이의 동네 이야기를 들으며 건배를 제의하지 않을까요? 내도 언젠가는 돌아갈 곳이 있다고, 마음의 고향이 아닌 진짜 내가 갈 수 있는 그곳 잘 지켜달라고 잔을 높이 들며 희망의 건배 잔을 돌리지 않을까요?

자!!! 나의 고향을 위~하~~여

무엇을 해줘야 하는지

"와아!"

식당 문이 열리자, 아이들이 일제히 뛰어 들어왔습니다.

"우와, 이게 뭐야!"

"의자 색깔 봐! 빨간색! 파란색도 있어!"

"진짜 예쁘다!"

아이들이 하나둘 자리에 앉으며 탁자를 탁탁 치고, 밝은 웃음소리가 식당 안에 가득 퍼졌습니다.

오늘은 경기도 양평 끝자락의 한 장애인 아동복지시설에 새 식탁과 의자가 들어온 날이었습니다. 이곳은 중증 장애가 있는 아이들과 지체 장애 아동들이 함께 생활하는 곳입니다. 열악한 시설 속에서도 원장 부부와 몇몇 봉사자들의 손으로 어렵게 운영되고 있었지요.

처음 이곳을 방문했던 날은 한여름이었습니다. 숨이 막힐 듯한 더위에 땀이 줄줄 흐르고, 아이들은 식당 대신 마당에 깔린 매트 위에서 봉사자들과 함께 삼겹살을 먹고 있었습니다.

"더워서 음식 맛도 안 나네……."

"어휴, 저기 봉사자 한 분 어지럽다고 주저앉았어요."

혼란스러웠던 그날, 봉사를 마친 후 봉사자 중 한 분이 조심스럽게 원장님께 물었습니다.

"원장님, 혹시 이곳에 꼭 필요한 게 있다면 말씀해 주세요. 우리가 다음에 도울 수 있을지도 모르니까요."

원장님은 머뭇거리며 웃으셨습니다.

"아유……, 이렇게 많이 가져와 주셨는데 뭐가 더 필요하겠어요. 감사한 마음뿐입니다."

"아니에요, 원장님. 정말 필요한 거요. 말씀만 해주세요. 가능하면 꼭 챙겨드릴게요."

그제야 원장님은 살짝 고개를 숙이며 조용히 말씀하셨습니다.

"……식탁이랑…… 의자가 좀 필요하긴 합니다."

"그런데 정말 괜찮습니다. 지금도 너무 감사해서요……."

그 순간, 제 마음이 이상하게 쿡 찔리는 느낌이었습니다.

'이분, 얼마나 어려웠으면 이 말도 못 꺼냈을까.'

"원장님, 혹시 식당 좀 볼 수 있을까요?"

조심스럽게 말씀드리자, 원장님은 잠시 망설이시더니 앞장서셨습니다.

식당 안에는 오래되고 삐걱거리는 식탁 몇 개와 작은 의자 몇 개가 전부였습니다. 장애가 심한 아이들은 바닥에 앉거나, 봉사자의 무릎 위에 앉아 식사해야 하는 상황이었습니다. 며칠이 지나도 그 장면이 머릿속을 떠나지 않았습니다. 말끝을 흐리던 원장님의 표정, 부탁조차 죄송해하던 그 마음.

그래, 만들어드리자.

아이들이 편하게 앉을 수 있도록 손잡이는 제거하고, 높이는 낮췄습니다. 튼튼하고 관리가 쉬운 조립식 구조로 만들었고, 색상은 빨강, 파랑, 노랑―아이들이 좋아할 만한 밝은색으로 정했습니다. 식탁 다리는 하얀색, 상판은 밝은 회색으로 해 식당 분위기를 한층 밝게 만들었습니다. 총

40명분을 정성껏 만들어 전달했습니다.

그리고 몇 달 뒤, 다시 봉사활동을 위해 그곳을 찾았습니다. 목욕, 청소, 세탁, 놀이, 식사 준비 등으로 바쁘게 하루를 보내고, 봉사가 끝날 즈음이었습니다. 원장님이 조용히 제게 다가오더니, 제 손을 꼭 잡으셨습니다. 그리고 말없이 눈물을 흘리셨습니다.

"왜 그러세요, 원장님?"

제가 당황해 묻자, 원장님이 떨리는 목소리로 말씀하셨습니다.

"정말 감사합니다……. 우리 아이들이, 너무 좋아해요……."

그 말과 함께 다시 눈물이 쏟아졌습니다.

"회장님……, 그동안…… 아이들 밥 한 끼 먹이기도 참 어려웠어요. 장애가 심한 아이들은 혼자 앉지도 못하고, 숟가락 하나 드는 것도 누군가 도와줘야 했는데……, 이제는요, 자기 의자에 앉아서 식판도 놓고, 웃으면서 밥을 먹어요……. 그 모습 볼 때마다 눈물이 납니다……. 너무 감사합니다……."

저는 조용히 원장님의 어깨를 또닥거리며 말했습니다.

"원장님, 별거 아닙니다. 그냥 제가 할 수 있는 작은 일이었어요."

"아니에요, 아니에요……. 그게 얼마나 큰 힘이 됐는지 아세요?

우리 애들 표정이요……, 정말 달라졌어요……."

그날 우리는 마당에 돗자리를 까는 대신, 식탁에 함께 둘러앉아 아이들과 노래도 부르고, 게임도 하며 웃고 떠들었습니다. 처음으로 '같이 앉아 식사하는' 진짜 봉사를 한 날이었습니다.

그때 느꼈습니다. 장애와 비장애의 차이는 단지 조금의 불편함일 뿐이라는 걸. 우리가 특별히 무언가를 '해줘야 하는' 존재가 아니라, 함께 살아가야 하는 존재라는 걸요. 그날 이후로 저는 몸이 건강하다는 사실이 얼마나 감사한 일인지 깨달았습니다. 그리고 알게 되었습니다. 봉사란 누군가를 위해 '주는 일'이 아니라, 나 자신을 '새롭게 '만드는', 나를 알게 해주는 아름다운 시간이란 것을……

나의 남편 호규씨

"우세요?"

"넘 행복해서요."

힘들고 어려운 사람을 만날 때면, 나는 이 친구 이야기를 들려줍니다. 그러면 사람들은 "아, 그런 사람도 있어?"라며 의아하게 묻습니다. 하지만 그 친구의 사진이나 동영상을 보여주면 깜짝 놀라며 "아, 이렇게도 열심히 사는 사람이 있구나." 하고 감동 받은 표정을 짓습니다. '나의 남편 호규씨'라는 제목으로 방영된 인간극장 내용입니다.

어릴 적 철길 사고로 두 팔을 팔꿈치 바로 아래까지 잃은 친구 이야기입니다. 이 친구는 지금 고추 도매상을 운영하고 있습니다. 처음엔 사람들의 편견과 무관심 속에 시작했지만, 지칠 줄 모르는 성실함과 부지런함으로 경북 의성, 안동, 대구 인근에서는 고추상으로 이름이 알려지고, 믿을 수 있는 상인으로 자리 잡았습니다.

그의 아내 역시 대단한 사람입니다. 어려운 조건 속에서도 집안의 반대를 무릅쓰고 결혼을 결심했고, 지금은 남매를 낳아 키우며 미용실을 운영하고, 남편과 시댁을 위해 열심히 살아가고 있습니다. 그 모습은 너무나도 훌륭하고 아름다워, 요즘 같은 세상에 저런 선택이 가능할까 싶은 감동과 존경을 자아냅니다.

양팔이 없다는 것은 일상생활 전반에 걸쳐 치명적인 제약을 줍니다. 특히 남성은 대소변 처리조차 해내기 어렵다고 합니다. 그는 초등학교 시절부터 중학교 1학년 때까지 한 친구의 도움을 받아 등교하고 화장실도 함께 다녔습니다. 그러나 중1 때, 그 친구가 부산으로 전학을 가게 되면서 그는 최대의 위기를 맞았습니다.

"이대로는 평생 살 수 없지."

그 결심 이후, 그는 스스로 살아가는 방법을 익혀 나가기 시작했습니다. 젓가락질부터 식사, 위생, 이동까지 무수한 시행착오와 노력을 거듭해 하나씩 해냈습니다. 자전거도 배우고, 오토바이 면허증도 취득했습니다. 고추 30kg가량을 마대에 담아 트럭에 싣고 옮기는 일은 보통 사람도 버거운 일이지만, 그는 능숙하게 해냈습니다. 배드민턴도 양팔에 라켓을 고정하고 경기를 즐기며, 상대에게 절대 밀리지 않는 실력까지 갖췄습니다.

가장 인상 깊었던 장면은 아이들이 학교에서 "니네 아빠 팔 없지?"라는 질문을 받았을 때 큰아들은 처음에는 창피하고 속상했지만, 이제는 자랑스럽게

"어, 우리 아빠 팔 없어. 그런데 진짜 멋지고 열심히 사셔. 그래서 아빠를 존경해."

라고 말하는 장면이었습니다.

둘째 딸은 말없이 아빠 품에 안겨 펑펑 울었습니다. 마음속에 담아둔 상처를 눈물로 쏟아낸 것이었습니다. 그 모습을 본 그는 딸을 조용히 다독여주고, 혼자 방에 들어가 어깨를 들썩이며 울먹였습니다. 기자가 "왜 우세요? 슬프세요?"라고 묻자, 그는

"아니요, 저는 너무 행복해서 웁니다. 이런 가족이 있다는 게……, 저에게는 너무 과분해서, 정말로 행복해서 울고 있는 겁니다."

라고 대답했습니다.

그 장면을 보며, 나도 모르게 눈물을 흘렸습니다. 가족이 자신을 있는 그대로 받아주고 존경해 주는 것, 그것만으로도 그는 누구보다 큰 행복을 느끼고 있었습니다. 자신에게 이런 행복이 허락된 것이 믿기지 않을 만큼, 감사한 마음에 눈물이 났던 겁니다.

장애는 분명 어렵고 힘든 일입니다. 같은 생활을 한다 해도 수십 배, 수백 배의 노력이 필요합니다. 하지만 그 어려움을 이겨내고 '성공'이라는 말이 아니더라도 남들과 같은 일상을 살아가는 그 자체가 이미 위대한 성취입니다. 우리가 힘들고 지칠 때, 이런 이들의 정신과 마음가짐이 작게나마 우리에게 용기를 준다면, 우리의 고단함도 조금은 견뎌낼 수 있지 않을까요?

장애는 쉽게 극복할 수 있는 일이 아닙니다. 하지만 우리가 조금 더 관심을 갖고 손을 내밀며 함께 살아가려고 노력한다면, 그것은 단지 장애인을 위한 것이 아니라 모두가 함께 살아가는 세상을 만들어가는 일일 것입니다. 그리고 그것은 누구와노 함께할 수 있는 아름다운 동행의 시작이 아닐까요.

오늘도 행복하세요.

며느님

"아유, 그 집은 며느리가 어찌나 잘 들어왔는지. 며느리가 들어오고 나서부터 집도 화목해지고, 모든 일들이 잘 풀리고, 아들 사업도 확 일어났대. 아주 며느리가 복덩어리야, 복덩어리. 시부모한테도 얼마나 잘하는지 몰라. 아유, 그런 며느리 우리 집에도 좀 들어왔으면 좋겠어."

몇몇 중년 이상의 아주머니들이 어느 집 며느리에 대해 이야기하고 있습니다.

"아니, 그 며느리가 어떤데?"

"그렇대. 우선 일하는 건 똑 부러지고, 시부모한테도 잘하면서도 자기 할 말은 딱 하고. 남편하고도 잘 지내고, 시댁이든 친정이든 양쪽 집안 다 잘 챙긴다는데."

며느리가 잘 들어오면 집안이 흥한다고 옛말에도 있잖아요. 며느리의 역할은 그 집안에 웃음을 일으키는 큰 부분입니다. 웃음이 많은 집안은 모든 일이 잘 풀리는 긍정적인 힘이 있기 때문에, 그 웃음을 만들어주는 존재는 너무나도 소중합니다. 그런 웃음을 가능케 하는 것은 집 안 구석구석을 살피고, 알고, 돌볼 줄 아는, 가정의 내면을 책임지는 '며느리'라는 존재입니다. 그 역할을 어떻게 해내느냐에 따라 며느리도 평가받고, 그 집안의 가치도 세상에서 인정을 받게 됩니다.

이토록 중요한 일을 하는 며느리는 오직 남편이라는 한 사람을 믿고, 낯선 집안에 들어온 사람입니다. 며느리는 새롭게 배우면서 어떻게 시부모를 공경하고, 친정을 살피고, 남편의 앞날을 뒷받침할지 고민하며 가장 기본적이고도 중요한 역할을 합니다. 또한 아이들의 육아와 교육까지 대부분을 맡아 해냅니다.

예전에는 가부장적 농업사회였고 육체 노동력이 중심이었지만, 지금은 산업사회와 핵가족화, 개인주의 중심 사회로 변하면서 가정의 대부분을 결정하고 중요한 일을 처리하는 역할이 자연스레 며느리, 아내, 여성에게로 넘어온 것입니다. 시대가 흐름에 따라 역할과 위치가 바뀌었고, 지금은 단순한 여성 상위 시대가 아니라 여성이 중심이 되는 사회, 가정이 되었다고 봐야 합니다.

이처럼 중요한 며느리이자, 어머니이자, 여성은 또한 사회의 일꾼으로서 세 가지, 네 가지를 넘는 수많은 역할을 감당하는 위대한 존재입니다. 며느리가 집안의 중심이 되어가듯, 우리 사회도 여성을 중심으로 바뀌어 가고 있습니다. 여성의 중요성만이 아닌, '며느리'로서 가정과 집안을 이끌어 간다면 그 가정이 충실하고 화목하게 서고, 그 중심이 흔들리지 않는다면, 그 사회와 나라도 반드시 바르게 성상하고 발전하게 될 것입니다.

지금 이 시대의 중심은 며느리, 여성으로 바뀌고 있습니다. 여성과 며느리를 존중하고, 그들의 가치와 역할을 생각하며, 그들이 쏟는 노력과 헌신에 진심 어린 존경을 보냅니다. 그리고 내 곁에서 언제나 함께해 준 나의 아내이자 집안의 며느리인 여보에게도 감사를 전합니다.

여러분도 오늘, 따뜻한 말 한마디, 부드러운 손길로 아내를 어루만져주시면 어떨까요?

"여보, 고마워요. 사랑해요."

아름다운 심판자

"아이, 어머니. 이거는 이렇게 하시면 어떨까요?"

"도대체 너는 왜 이렇게 했니? 아이, 뭘 배운 거야? 뭘 배운 거야? 아이 참, 답답하네."

시어머니와 며느리. 밥상 앞에서 음식과 반찬을 두고 서로의 생각이 부딪칩니다. 그 옆에서 아들은 아무 말 없이, 그저 멍하니 두 사람의 대화를 바라보고만 있습니다.

생각해 봅니다. 며느리라는 사람은, 아무런 연고도 없는 집에 오직 '남편'이라는 한 사람만 믿고 들어옵니다. 살아온 과정도, 생활 습관도, 말투도, 음식 취향도 모두 다릅니다. 배우고 익힌 것도 전혀 다른 두 세계의 차이. 그럼에도, 그저 사랑 하나만으로 '남의 집'에 들어와 함께 살기 시작하는 게 며느리입니다. 그것이 곧 결혼이고, 시댁살이의 시작입니다.

시부모를 모신다는 건 생각보다 많은 용기와 결심이 필요한 일입니다. 당연히 문화의 차이, 말투, 행동, 방식, 심지어 밥상의 반찬 하나까지도 갈등의 씨앗이 될 수 있습니다. 그렇기에 옛 어른들은 며느리에게 말했습니다.

"3년은 귀머거리, 벙어리, 봉사(봉우리)가 되어야 한다."

말하지 말고, 듣지 말고, 보지 말고, 참고 인내하며 받아들이라는 뜻이었죠. 하지만 그런 억지 인내가 모두의 해답이 될 수 있을까요?

이 모든 불협화음과 갈등의 중심, 바로 그 사이에 서 있는 사람이 '아들'입니다. 아들이 어떻게 판단하느냐, 어떤 말과 행동을 하느냐에 따라 그

집의 분위기는 달라지고, 가정의 평화가 유지되거나 무너집니다. 며느리는 어머니의 편을 들지 않아도 됩니다. 자신의 편을 들어달라는 것도 아닙니다. 다만, 누구라도 수긍할 수 있는 '공정한 판단'과 '단단한 중심'을 남편이 보여주기를 바라는 것입니다. 어머니 편을 들면 아내는 섭섭할 것이고, 아내 편을 들면 어머니는 괘씸하다고 느낄 수 있습니다. 그래서 아들은 더 정확하고 단단한 중심을 잡아야 합니다. 남편, 아들로서 중심을 잡고 말과 행동으로 가정의 균형을 세워주는 것. 그것이 바로 아들의 몫입니다.

며느리는 아무 연고 없이 낯선 환경에서 적응을 위해 애쓰고 있습니다. 그 상황에서 남편마저 불분명한 태도로 멀게 느껴진다면, 그 삶은 참으로 외롭고 힘들 수밖에 없습니다. 하지만 남편이 공정한 심판이 되어준다면, 그 자체만으로 며느리는 위로를 받고 가정에 더욱 따뜻하게 스며들 수 있습니다. 아들의 입장, 며느리의 입장, 시어머니의 입장은 서로 같을 수도, 다를 수도 있습니다. 하지만 그 세 입장 사이의 갈등을 살 소율하고, 화목으로 이끌어 가는 중심 역할은 바로 '아들'에게 달려 있습니다.

가정의 달 5월을 맞아, 아들들에게 전하고 싶은 말이 있습니다. 며느리는 한 번 더 생각하고, 시어머니는 한 번 더 양보하며, 아들은 이 모든 것들을 정확히 보고 듣고 가정의 중심으로서 아름다운 심판자가 되어주기를 바랍니다. 그렇게 어렵고 어색한 순간들을 풀어나가며 서로 이해하고 협조하며, '가족'이라는 이름 아래 하나의 울타리를 만들어가는 것입니다.

국제심판도 중요하지만, 가정의 분위기와 화목을 만드는 심판자, 그 아름다운 심판자가 바로 '아들' 아닐까요.

토끼나라의 사자, 사자나라의 토끼

옛날에 토끼와 사자가 살았는데, 토끼 나라에는 사자가 왕으로 있었고, 사자 나라에는 토끼가 왕이었다. 사이좋게 지내던 두 나라였지만, 작은 감정이 불씨가 되어 싸움이 시작됐다. 그 불씨라는 건, 풀을 먹느냐 고기를 먹느냐였다. 그 풀과 고기가 섞인 땅을 두고 서로 영토를 차지하려다 전쟁으로 번지고 만 것이다.

전쟁이 났다고 했을 때, 우리는 당연히 사자 나라가 이길 거라고 생각한다. 사자 나라이기도 하고, 사자니까. 하지만 결과는 의외였다. 토끼 나라가, 그것도 사자가 왕인 토끼 나라가 완벽한, 퍼펙트한 승리를 거둔 것이다.

의아할 수 있다. 어떻게 토끼 나라가 사자 나라를 이겼을까? 그건 토끼 나라의 사자, 그 왕이 토끼들을 사자처럼 훈련시켰기 때문이다. 사자처럼 싸우는 법을 가르치고, 사자처럼 행동하게 하고, 사자처럼 생각하게 하고, 사자처럼 집단생활을 하며 훈련을 손수 앞장서서 지휘한 것이다. 그러다 보니 토끼의 털도 거칠어지고, 발톱도 날카로워지고, 이빨도 세져서, 적 사자들이 보기엔 진짜 사자처럼 보일 정도가 되었다. 토끼들이 겁 없이 달려들었다.

반대로 사자 나라의 토끼 왕은 사자들에게 풀을 먹이고, 사자들을 얌전한 토끼처럼 만들었다. 사자들의 갈기도, 발톱도, 기세도 사라지고 사자답지 않게 되어버린 것이다. 그러니 전쟁이 나면 토끼가 사자처럼 싸우고 사자가 토끼처럼 싸우게 되는데, 이길 쪽은 뻔하지 않겠는가?

이 이야기에서 중요한 건, 국민이 어떤 동물이냐가 아니라 지도자가 어떤 방식으로 국민을 이끄느냐는 것이다. 지도자가 어떤 방침을 가지고, 어떤 방향으로 국민을 훈련시키고, 어떻게 함께 호흡하고 살아가느냐에 따라 그 나라의 힘이 달라지는 것이다. 그래서 지도자의 역할은 그만큼 크다. 토끼도 사자처럼 만들 수 있고, 사자도 토끼처럼 만들 수 있기 때문이다. 나는 토끼 나라의 사자 같은 지도자가 진정한 리더라고 생각한다. 그런 지도자가 있어야 국민도 더 경쟁력 있고, 더 힘 있고, 외부의 위협 앞에서도 싸울 힘을 가지게 된다.

토끼 나라의 사자와 사자 나라의 토끼. 어느 쪽이 더 훌륭한 지도자인지는 여러분 각자의 판단에 맡긴다. 하지만 나는 믿는다. 토끼도 사자가 될 수 있다는 것. 그것이 진정한 지도자의 능력을 보여주는 척도라고.

토끼 나라, 사자 나라. 당신의 선택은 어디입니까?

오늘도 행복하세요.

위치 비용

"그 친구 요즘 엄청 바쁘다면서?"

"왜, 이번에 무슨 협회장을 맡게 되었다던데."

"그래. 축하해 줄 일이네. 근데 회장은 비용이 얼마나 든대?"

"꽤 많은가 봐."

사람들이 만나는 모임은 다양한 형태가 있습니다. 친목, 혈연, 학연, 지연, 비즈니스 등 각양각색의 모임에 참석합니다. 참석하는 모임에는 회장 또는 책임자가 있고, 조직도 구성된 경우가 대부분입니다. 조직의 지위에 따라 책임도 있지만 비용도 금액도 차이가 있습니다. 이를테면 지위와 위치에 따른 비용이라 할까? 자리가 사람을 말해준다고 했듯이 금액이 사람을 평가하는 기준이 될 때도 있습니다.

당연히 그럴 수도 있지만, 사람은 사람의 가치가 있듯이 물질로 폄하될 수 있는 사람의 가치를 어떻게 만들어야 진정한 사람의 가치를 판단할 수 있을까요? 심성도 착하고, 행동도 부지런하고, 남에게 잘 베풀고, 양보하고, 희생에 배려까지 모두 갖추고 있는 사람은 흔치 않을 겁니다. 많은 항목들 중 나는 얼마나 갖추고 있을까요? 거의 없다고 보기보단, 조금씩은 있지만 내세울 만하기까지는 부족하지 않을까요?

어떻게 가치를 만들면 될까요? 나의 가치도 사람의 가치도 잘할 수 있는 것, 남을 우선으로 하는 가치로 만들어간다면 물질 이상의 가치인 진심이 만들어져 있지 않을까요? 나의 가치는 남과 조화로움에 다른 이를 먼저 보려는 선한 마음이 우선 아닐까요?

잔소리는 좀!

옛날 그리스 신화의 벽화를 보면 '요즘 애들은 버르장머리가 없어'라는 내용이 있었답니다. 지금도 같은 이야기를 반복하고 있지 않나 싶습니다. 그때도 어른의 기준으로 젊은 애들을 바라보았기 때문 아닐까요?

어른은 젊은이들에게는 스승과 선배로서 역할도 있고 대우도 받고 싶어 합니다. 대우와 존경을 받고 싶다면 조언과 잔소리를 구분할 줄 알아야 하지 않을까요? 조언은 "알려주세요."라고 요구할 때 "그래."라고 응해주시면 되는데, 잔소리는 미리 답을 정하고 과거 경험이 전부인 양 물어보기도 전에 쏟아놓는 장황한 말들이라 할 수 있겠습니다.

나는 요즘 애들에게 어떤가요? 조언을 많이 할까요, 잔소리를 많이 할까요? 답답해도 기다려줄 수 있는 시간을 주고 부족해도 채울 수 있게 배려해 준다면, 존경과 대우는 당연할 것이고 세련된 어른이라는 보너스를 덤으로 가져오지 않을까요?

인재가 그리 없나

사람이 먼저다, 인사가 만사다, 사람도 인사도 모두 중요하다는 말이겠죠. 최근 정부의 인사를 보면 실망과 안타까움, 그리고 그들이 여태껏 살아온 과정에 측은함을 갖게 하네요.

왜 이렇게 했을까?

인재가 그렇게 없었을까?

모두 부자에 가까워야 하는가?

정답을 찾지 못했기에 문제가 발생했다고 봅니다. 한정된 인원, 한정된 공간, 한정된 조언들이 답답하지만, 그들을 이해할 것도 같습니다. 내가 중요한 요직에 천거가 될까 준비하지 않은 상황을 맞다 보니 무리가 따를 수밖에 없지 않았을까요?

국민들은 너무 많이 알고 지나치게 똑똑해져서 눈높이가 높아졌고 사람을 보는 가치도 달라졌습니다. 정부가 무조건 우리가 원하는 대로 맞추어줄 수는 없습니다. 그러나 기본은 지켜야 하지 않을까요?

주말 아침부터 되지 않는 이야기로 궁시렁거려봅니다. 저도 만족하지 않기 때문 아닐까요?

동네 사랑방

 최근에는 머리를 깎거나 손질하기 위해서는 대부분 미용실로 가는데, 오늘 아주 오랜 이발소에 가서 머리를 깎게 되었다. 장소는 흑석동 시장 골목에서 중대 병원을 지나 도로변에 있는 이발소이다. 한자리에서만 근 50년을 깎고 또 깎으면서 살아오신 사장님이 계시기에 머리를 깎으며 이야기를 주고받았는데, 말씀도 머리 다듬듯 재미있고 진솔하며 동네에서 살아온 이야기와 흘러간 시절 추억을 주섬주섬 펼치시며 머리 손질을 해주시는 것이다.

 사장님은 군산이 고향이신데 20대 초반에 올라오셔서 현재까지 같은 장소에서 50년 넘게 한 업을 하신다니, 믿기지 않겠지만 이 직업이 무척 재미있다고 하시며 이발소가 옛날 남자들의 동네 사랑방이었다고 한다. 여름엔 시원하고, 겨울엔 따뜻하고, 봄가을 때는 남학생들은 머리 빡빡 깎고 여자애들은 상고머리를 해주고, 냉절 낸 바짓가랑이 긴어붙이고 밥도 못 먹고 머리를 깎았다고 한다. 좋은 시절이었고 돈도 짭짤했다고, 그 시절이 좋았다고 이야기하며 요즘 미용실이 너무 많고 젊은이들이 안 온다는 섭섭함을 슬쩍 비추시기도 하신다.

 지금은 미용실이 대세지만 내가 어렸을 때만 하더라도 이 사장님 이야기대로 우리 머리를 모두 깎아주는 곳은 이발소밖에 없는 줄 알았다. 세월이 흘러도 아직까진 난 이발소를 이용하는데, 미용실은 왠지 서먹하고 쑥스러운 느낌 때문에 가기가 꺼려진다.

 어느덧 얼굴을 면도하시고 세월의 흔적을 지우는 염색을 하고 마지막으로 다시 한번 머리를 다듬어주셨다. 한 십 년은 젊어진 것 같은 모습에, 어느새 학생으로 돌아간 기분이다. 이발 비용, 아주 경제적이다. 깎고, 얼굴 면도도 하고, 염색하고 드라이까지 합이 이만 사천 원이란다. 사장님은 좋은 단골 한 사람을 줍게 될 것이다. 대상은 내가 될 것 같다.

오늘 일요일, 흑석동 이발소 사장님과 이야기를 나누며 옛날에 우리들 살아온 흔적과 향수를 새기며 이런 인간미 넘치는 추억을 어떻게 묶어둘까 하는 아쉬움이 남는다. 요즘 젊은이들이란 말보단 그저 우리들 추억을 보따리에 묶어놓고 우리끼리 풀어놓고 이야기하는 것으로 나를 만족시켜 본다.

오늘은 흑석동 은성 이발관 사장님의 사람 살아온 이야기다.

합종연횡(合從連衡)

골목마다 확성기 소리로 온통 시끄럽습니다. 길가엔 벽보가 쭈욱 붙어 있어 지나가는 이들이 힐끔 쳐다보곤 하며 지나갑니다. 며칠이 지난 뒤 벽보에 붙은 한 사람의 사진에 후보 사퇴를 알리는 표시가 되어 있고, 조금 더 시간이 지나자 몇 사람의 벽보에도 같은 표시가 되어 있는 것입니다. 강력한 후보자를 이기기 위해 몇몇 후보가 연대하여 한 후보의 당선을 막으려 연횡하는 것입니다. 이전만 해도 서로 경쟁하면서 자기가 가장 적합한 후보라고 연일 싸우고 헐뜯고 시기와 질투로 죽어도 보지 않을 사람처럼 왕왕대다가, 왜 갑자기 다른 후보를 칭찬하고 받들어주는 것일까요?

최근 선거에서 이런 경우를 접해보신 적이 있을 겁니다. 후보 중 하도 센 놈이 나오니까 각자 붙어봐야 승산이 없다고 보고 될 만한 후보를 밀어 강력한 후보를 견제하고, 당선된 후 기득권을 갖거나 유지하려는 속셈과 다음 선거를 순비하기 위한 포석도 될 수 있을 기린 자신의 판단을 선택한 것이겠죠 센 후보자가 여러 활동을 하도 많이 잘해서 시기와 질투로 못 먹는 감 찔러나 보자고 훼방을 놓고자 합종연횡을 선택했을 수도 있습니다. 저놈이 이번에 또 되면 자기들의 입지가 더욱 약해지기에 어쩔 수 없는 선택을 했을 수도 있지 않을까요? 어찌 됐든 결과는 유권자들이 선택한 대로겠죠.

우리 사회는 선거에서뿐만 아니라 자기가 속한 집단이나 단체들에서도 이런 경우들이 비일비재합니다. 조합, 사단법인, 계모임, 연합회, 주민자치회, 향우회, 어머니회, 나사모, 등산회 등 우리의 일상은 나도 모르는 사이 많은 단체와 조직 속에서 살아갑니다. 어떨 땐 조직과 조직이 합쳤다 떨어졌다, 단체 간 뭉쳤다 흩어졌다 하는 반복적 일상이 진행되는 것입니다. 사람도 매일매일 나를 찾고 좇기 위해 계획을 세우고 사람도 만나고 저녁 점심도 같이하면서 나의 연관성을 이어가고 있는 것입니다. 조직의 영리와 자신의 목적에 따라 혼자 할 것인가 같이 할 것인가를 결정하고 선택할 수도 있지만, 사람 사는 것은 별반 다르지 않습니다. 모두 거기서 거기죠.

내 것을 조금 내려놓고 역지사지로 마음을 이해하고 실행한다면 합종연횡의 결과도 유리하진 않지만 불리하지도 않을 것입니다. 내 사람을 만드는 것도 중요하지만 남의 사람이 되지 않게 하는 게 더 중요합니다. 합종을 하든 연횡을 하든 우선 유리한 것보다 불리하지 않은 것이 무엇보다 중요하고, 평범한 보통의 진리와 객관적 상황을 만드는 합종연횡을 만들어야 할 것입니다.

사람이 합친다는 것은 사람이 통한 것입니다. 사람이 통하고 합치는 사람 종횡, 오늘 권해드리고 싶습니다.

꼰대의 근원

"난 그거 할 줄 몰라. 애들이 다 하잖아. 그런데 그게 그렇게 좋은 거야? 그럼 해야지. 우리 애들 보낼게."

신나게 설명하고 "어떠세요?"라고 하면 모른다고 이야기하면서 애들을 보낸다, 아들을 보낸다 하며 자기하곤 상관없는 일처럼 대답하는 사람들이 있습니다. 무슨 회의가 있다 하여 가보면 더 어이없는 일이 벌어지곤 하죠. 수일 전에 보낸 자료를 전혀 보지 않고 회의 내용과 동떨어진 질문과 엉뚱한 과거의 경험을 이야기하는 어처구니없는 모양을 연출하면서도, 기념사진을 찍을 때면 가장 가운데 자리에 서서 찍고 큰일을 한 것처럼 으쓱대는 것입니다.

온고지신이란 옛말로 기성세대에게 존중을 표하는 의미이기도 합니다. 옛것을 새롭게 활용하란 말로, 과거의 경험을 현재와 미래에 조화롭게 이용하라는 선인들의 뜻인 줄 압니다. 나는 그분들께 회사에는 애들이 없고 직원이 있고, 본인이 알지 못하면 직원의 의견과 외부의 조언을 경청하고 새로운 정보와 기술을 알아두시고 받아들이라 말합니다. 나이는 숫자에 불과하다는 이야기도 합니다. 사람의 능력과 노력을 어떤 장애물도 막을 수 없다는 이야기까지 하면서요.

어떤 상황이 벌어졌을 때 유리하면 가만히 있다가 불리하면 "내 나이가 몇인데!"라고 하며 기득권을 찾기 위해 나이를 들먹이기 시작합니다. 우린 이렇게 살지 맙시다. 젊은이들 일하려는 곳에서는 뒤에서 기다려주고 도와주고 새로운 변화와 기술을 받아들이고, 애들이 아닌 성인으로 인정하시고, 대접받기보단 솔선수범하시고, 집어넣기보단 내놓는 배려와 행동이 필요합니다. 감나무 밑에서 여긴 내 자리라고 감 떨어지기를 기다리며 입을 벌리고 누워있는 기득권은 덮어두시고 새로운 방법과 기술로 감도 잘 달리게 하고 맛도 보고 따는 것도 직접 해보는 내가 되어야 하지 않을까요?

우리는 꼰대 세대를 이어받고 있습니다. 꼰대, 기성세대, 중년, 똥고집, 안하무인, 기득권……. 다른 표현들도 더 있겠죠. 살아온 세월의 약칭일 수도 있습니다. 그러나 몇 가지만 개선한다면 꼰대라는 말 대신 세련된 어른이란 표현으로 바뀌지 않을까요?.

꼰대 여러분, 오늘부턴 아주 쬐금만 생각을 바꾸시고 리모델링하시면 세련된 어른, 스마트한 중년으로 변해갈 것입니다. 나의 제안 어떠세요? 고민 마시고 꼭 실행에 옮기세요.

꼰대. 그래도 정이 가는 말이긴 하지만…….

종이 울릴 때까지

"우승, 우승입니다! 드디어 금메달입니다!"

아~~~~ 탄식하는 소리와 함께 메달의 색깔이 바뀌는 순간입니다. 3차 시기 완벽한 착지를 마치고 손을 번쩍 들며 금메달, 드디어 해냈습니다.

그런데 결과는 둘 다 색깔이 바뀌었습니다. 승리에 도취하여 마지막에 방심하면서 앞의 선수는 일 초를 남겨놓고 일격을 당해 일 점 차로 패배를 당했고, 다른 선수는 심판에 대한 예의를 갖추지 못하는 누를 범해 벌점을 부과받아 일위 자리를 빼앗긴 것입니다. 수년 간의 피와 땀을 흘린 좋은 결과를 어이없게 놓쳐버린 것입니다. 승리에 도취하여 나를 마지막까지 정립하지 않고 방심한 것입니다. 최근 아시아경기대회에서 우리나라의 효자종목인 양궁에서도 만족지 못한 결과들이 이어지고 있습니다. 겨우 체면치레했다는 마무리로 경기를 마쳤습니다.

열심히 훈련하고 땀을 흘린 선수들에게 무어라 말하고 싶진 않습니다. 항상 마지막 종이 울릴 때까지 어떻게 해야 한다는 교훈을 얻은 것이며, 이기는 것보단 지키는 것이 더 어렵다는 예를 보여준 듯합니다. 승리 이후에는 회복과 준비가 필요하며 꾸준한 연습을 통해 어떤 상황에서도 나를 지킬 수 있는 상태를 만들어 놓아야 합니다. 설욕하려는 사람과 집단은 나보다 몇 배의 노력과 준비를 하여 전략을 만들 것입니다.

승리가 최종목적일 수 있지만 새로운 시작이 될 수도 있습니다. 처음이 좋아야 끝도 좋다는 말이 있듯이 마무리와 시작은 같은 것입니다. 오늘 마무리를 잘하십시오. 그럼 내일 시작도 수월할 것입니다.

독립의 열망

검은 테가 두껍고 둥그런 안경을 낀 이가 열정적으로 한글을 가르치고 있습니다.

가 나 다 라 마 바 사 아 자 카 타 하

아이들은 책상도 없이 몽당연필로 공책이 찢어지라고 글을 베끼고 받아쓰고 있습니다. 아이들은 빡빡머리와 단발머리로, 개중에는 상투를 튼 남자애와 쪽 찐 머리를 한 여자애도 있었으며, 동생을 데리고 온 애들도 있었습니다. 여러 모습과 복장 등이 엉성하고 초라하며 남루하기까지 했지만, 그는 개의치 않고 열정적으로 강의를 하는 것입니다.

엊그저께는 광복절이었습니다. 나라를 되찾은 기쁨이 이루 말할 수 없을 때, 그는 '조국에 할 수 있는 것은 아이들을 가르치고 이끌어주는 것'이라고 생각하고 실행한 것입니다. 아픔은, 안 좋은 기억은 후다닥 접고 새로운 시대를, 미래를 이끌어가는 방법을 찾은 것이죠.

이분이 누구시냐고요? 너무 많은 분들이 이렇게 이름 없이 조국을 위해 헌신했습니다. 그러한 결과들이 지금 우리를 잘 먹고 잘 살게 만든 겁니다. 왜 뜬금없이 광복절과 무명의 애국자들 말을 하느냐고요? 하루를 살아도 내가 뜻한 바가 있으면 꼭 해야 하고, 내가 가진 것이 있다면 어려운 이웃과 함께 나누는, 남을 위해 사는 하루가 되어야 합니다. 특히 지식은 한 개를 백 명에게 알리고 가르치면 백 개를 같이 갖는 지식의 공동체를 이룰 수 있는 좋은 계기가 됩니다.

오늘은 어떤 삶을 사시겠습니까? 오늘과 맞바꿀 만큼 큰 성과를 내시는 일을 하실 겁니까? 목적을 달성하시되 꼭 나누는 일까지 목표에 넣어 보십시오. 목표의 끝판인 나눔과 배려를 생각하시고 하루를 보내신다면 애국하는 것이 별거 아니구나 생각하실 겁니다.

별거 아닌 쉽게 할 수 있는 애국, 오늘 권해드려 봅니다.

'식'은 에너지입니다

우리가 사람이 기본적으로 필요한 세 가지를 말하라 하면 의식주라고 보통 이야기들을 합니다. 그럼 셋 중에서 제일 중요한 것이 무엇이냐고 재차 물어보면 각자 대답이 다를 수 있습니다. 저는 잠시의 망설임도 없이 "식이요."라고 답하고 그다음 순서를 의→주라 정리를 합니다. 사흘 굶어 남의 집 담 안 넘는 사람 없다고 하며, 나라님도 먹는 것을 해결하지 못하면 어떤 좋은 정치를 한다 해도 백성들은 쉽게 따르지 않는다고 합니다. 우리나라는 예로부터 예절을 중시하다 보니 의, 즉 밖에 보여주는 부분을 우선하고 식을 두 번째로 했다고 합니다. 어떻게 보면 어이가 없는 진심이 숨겨진 한심하기 짝이 없는 생각들이었죠.

그럼 식이 왜 이토록 중요한가는 다들 잘 아실 겁니다. 식은 에너지입니다. 모든 힘의 원천이 되는 기본이라 볼 수 있습니다. 에너지가 없으면 아무것도 할 수가 없고 동력의 주체도 잃어버리고 맙니다. 식은 모든 것을 지배하고 이끌어가고 생활할 수 있는, 삶의 기본이 되는 힘인 것입니다. 저는 식을 힘과 에너지로 표현하겠습니다.

이런 힘을 어떻게 사용하고 나누고 저장하고 하느냐에 따라 사람의 인격과 신뢰도 달라질 수 있습니다. 먹지 않고는 아무것도 할 수 없듯이, 풍족하고 배불리 가질 수 없다면 부족하지는 않게 배고프지 않게 일할 수 있게 먹을 것을 에너지를 제공한다면, 의와 주도 편안하게 이루어지지 않을까요?

누가 뭐래도 먹는 게 최고입니다.

오늘은 맛집 찾아 힘도 키우고 기분도 상승시켜 보겠습니다.

구멍가게 경제

"아이고 쪄 죽겠네. 바람도 한 점 없고."

"요즘 날씨 대단하죠?"

"몹시 더운 정도가 아니라 죽을 지경입니다. 그렇다고 경기가 좋아서 돈 버는 재미가 있는 것도 아니고 되레 그 반대 지경이니……."

태풍이 처음 시작할 땐 먼바다에서 작은 바람이 불기 시작하다가 점차 세력을 확장하여 커다란 태풍으로 만들어지는 것입니다. 우리네 인생도 처음부터 크거나 위대하지는 않았습니다. 어느 날 하늘에서 뚝 떨어진 행운을 얻어서 만들어지는 건 더더욱 아닙니다. 주변의 작은 배려와 양보, 노력, 성실 등 눈에 보이는 것과 보이지 않는 것이 모이다 보면 어느 날 내가 형성되어 있는 것입니다. 우리의 경제도 작은 실핏줄인 구멍가게 경제에서 솔솔 부는 시원하면서도 부드러운 바람처럼 일어나준다면 경기도 활성화되지 않겠습니까?

필요한 것이 한꺼번에 잠깐 사이에 혼자 이루어지지 못하듯, 항상 주변과 함께하며 그들에게 감사하는 삶을 살다 보면 나 대신 남이 나를 대신해 줄 수 있는 내가 되어 있지 않을까요? 남에서 받침 하나를 떼면 님이 되듯, '감사합니다'라는 생각을 가지고 오늘과 내일 그리고 인생을 산다면 남도 나의 님이 되어 있지 않을까요?

죽겠다는 아우성 대신

　요즘 소상공인 편의점 업계가 날씨보다 더 뜨겁습니다. 뜨거움이 넘쳐 폭발하고만 것입니다. 어느 한쪽이 잘 살고 못 사는 것이 아닌, 모두가 못 산다는 것이고 죽겠다고 하는 아우성입니다. 웃음은 잃은 지 오래됐고, 희망보다는 하루를 때우는 어쩔 수 없는 상황으로 보입니다. 연일 소상공인에 대한 지원책이 쏟아지고 있는 것이 그나마 다행이라 볼 수 있죠. 일시적으로 급한 불 끄기 식의 처방이 아니길 중소기업인의 한 사람으로 기대해 봅니다.

　아울러 자영업을 하시는 모든 분들과 편의점 중기인들이 손님을 대할 때 커다란 미소와 울림이 있는 소리로 웃는 모습이 만들어지기를 바라는 마음입니다. 여러 처방들이 있을 수 있으나 사람의 마음을 표현하는 미소가, 웃음이 실금실금 나오는 것이 만병통치의 처방이 아닐까 합니다. 괜히 좋은 미소, 생각만 해도 웃음이 나오는 세상이 만들어지는 게 사람 사는 세상의 희망이 아닐까요?

마음의 덕

우리 주변에 공중 시설을 보면 약자를 위한 여러 가지 배려 사항들이 눈에 띕니다. 노약자, 임산부, 장애인 등 보통 사람보다는 불편하다거나 힘에 부치는 이들에 대한 사회적 배려라 볼 수 있습니다.

"평소에 착한 일을 많이 하셨네요."라는 소리를 들을 때가 있습니다. 생각지도 않은 행운이 찾아오거나 만들어졌을 때입니다. 착한 일, 좋은 일이란 자신의 마음에 덕을 쌓아가는 것이고 남의 빚을 감내시켜 주는 일일수도 있습니다. 항상 좋은 마음으로 남을 위한 배려를 아끼지 않는다면 어렵고 힘들거나 곤경에 빠졌을 때 나를 구해주는 큰 힘이 되어 있을 것입니다. 자신의 마음에 덕을 쌓고 만족의 가치를 더 올리시려면 남을 배려하는 마음을 갖고 사세요. 그러면 세상을 즐길 줄 아는 뜻깊은 삶이 되지 않을까요?

우리의 소원

사람들에게 소원이 무엇이냐고 물어보면 뭐라고 답할까요? 우리의 소원은 통일이라는 노래도 있습니다.

"그럼 당신의 소원은 무엇입니까?"

솔직히 말하면 잘 먹고 잘 사는 것이죠. 상류사회에서 건강하게 잘 먹고 잘 사는 게 진짜 소원인 것이죠. 모두가 같은 소원일 수는 없겠죠. 그것보단 '나는 내가 하고 싶은 일을 하면서 다소 부족하지만 소박하게 사는 것이 더 좋다'라는 사람도 있을 겁니다.

잘 산다는 것처럼 좋은 것은 없습니다. 물질의 풍요를 생각하는 것이 일반적이죠. 그러나 잘 산다는 것은 자기만족이 크다는 것입니다. 물질은 세상을 사는 데 필요한 것이고, 또한 사람을 재는 기준이 되기도 합니다. 그러나 물질의 척도가 마지막에는 정신의 척도를 넘지 못하는 것이 대부분입니다. 정신과 물질이 적당히 분배된 삶을 선택해도 실행을

하기란 쉽지 않습니다. 한쪽으로 향하려는 욕심이 균형을 흔들어놓을 수 있기 때문입니다. 잘 산다는 것. 욕심과 욕망보다는 자신의 만족과 가치를 우선하고 사람과 더불어 산다면 내가 소원하는 상류사회의 삶은 지속될 것이라 보입니다.

우리의, 나의 진짜 소원은 무엇일까요?

틀린 것과 다른 것

"왜 그렇게 생각해? 니 생각이 틀린 거야."

"아냐, 내 생각은 맞고 니 생각이 틀린 거지."

두 사람은 답이 정해진 문제를 푸는 것이 아닌 서로 의견을 토의하는 중이었습니다.

틀린 것과 다르다는 것은 분명한 차이가 있습니다. 수학, 국어, 자연 등 과목을 얼마나 잘 공부했는지 시험을 통해 평가할 때는 틀린 것을 찾아내야 하겠지만 시사, 고전, 경제, 철학 등 인문 사회적 논점에서 토의는 정답이 없고 생각과 입장이 다를 수 있습니다.

틀린 것은 고치며 지식을 발전해 나가면 되고, 다른 것은 서로 인정해 나가며 자신을 발견하면 되지 않을까요? 다름과 틀림을 구분할 줄 알고 다른 이들을 만난다면, 지금보단 훨씬 부드럽고 친밀하게 대화하지 않을까 합니다.

목숨과 직언

우리나라의 역사를 배우다 보면 충신들이 어떻게 주어진 일을 실행하고 죽었는지 알 수 있게 설명하는 페이지가 많습니다. 잘 아는 이순신 장군부터 강감찬 장군, 황희 정승 등 문무를 이끌었던 많은 분들이 보입니다. 임금을 섬기며 일편단심 군주를 위해 충성을 다하는 내용이 대부분입니다. 그중에서 다른 경우로 임금이 안타깝고 어리석음을 깨우치는 대목이 있는데, 목숨과 직언을 바꾼 신하의 예입니다. 특정한 인물을 거론하진 않겠지만 목숨과 직언을 맞바꾼다니 지금 세상이나 옛날이나 감당할 수 없을 것입니다.

최근 사회 이슈 중 정치적 행보나 흐름이 일방적으로 진행될 소지들이 큽니다. 누구를 위해서 정치와 지도자가 있는지 그리고 충신들이 있는지⋯⋯. 목숨과 직언을 바꾸라 할 순 없지만 국민과 세상을 위해서 올바른 말을 올려줄 바른 충신이 지금도 있기는 할 겁니다. 또한 민의라는 위대한 직언이 있습니다. 충신의 직언과 민의의 직소를 합한다면 일방적이지 않게 소통하는 데에 영향을 끼치지 않을까요?

민의의 힘, 충신의 직언보다 훌륭합니다.

사관학교

"하나, 둘, 하나, 둘, 좌로 방향 바꾸어가, 우로 가, 뒤돌아가."

제식훈련이 한참 진행되는 교정에서 사관생도들이 오와 열을 맞추어 열심히 훈련하고 있습니다. 모두 구릿빛 얼굴에 옷깃을 팔뚝 끝에까지 올려 훈련의 일관성이 더 높아 보입니다. 출신 고등학교에서도 이들은 우수한 학생들이었습니다. 성적만으로는 입학하기 힘들고 육체적으로도 건강한 학생들만 들어올 수 있습니다. 학교에서는 여러 책임을 맡아 교우들의 리더로서 학생회 일을 보기도 했습니다. 이런 친구들이 입학하여 배우고 익히며 체력을 단련하여 조국에 평생 헌신하는 군인으로 탄생하는 것입니다.

이들에 첫 번째 구호는 명예에 살고 명예에 죽는다는 것입니다. 명예를 갖추기 위해서는 다양한 교육으로 인성을 갖추는데, 그중 지덕체를 중심으로 교육이 진행됩니다. 자신이 배운 것을 부하들에게 가르치고, 미음과 마음이 통하는 덕으로 그들을 이끌고, 제일 앞장서서 행동으로 훈련을 독려하는 것입니다. 지와 체는 자율적으로 하는 부분도 있으나 적당한 강제성을 띠기도 합니다. 그러나 사람을 이끄는 덕은 나의 진심과 진정한 마음이 전해지지 않는다면 이룰 수 없습니다. 결국 리더의 최고항목은 덕인 것입니다.

'삼대가 덕을 쌓았나'라는 표현이 있듯, 덕을 쌓으면 어려운 일도 자연스럽게 지나가는 경우들이 있습니다. 이는 알게 모르게 그동안 본인과 그 이전에 부모님들의 착한 은공이 덕으로 변해서 자식 만대에 복을 주는 것입니다. 나라를 지키고 이끄는 리더도 덕을 중심으로 모든 이들을 대한다면 나라는 지금보다 어지러움이 덜하지 않을까요?

덕을 갖추는 일은 지금 당장 만들 수도 있고 접을 수도 있습니다. 가까이 있는 사람들과 작은 미소로 경쾌한 인사로 따뜻한 말 한마디라도 건네신다면 덕은 만들어지는 것입니다.

안녕하세요, 좋은 아침입니다.

어떻습니까? 괜히 기분이 좋아지시죠?

총장이 될 자격

'위대한 사람'이라는 말에는 두 가지 뜻이 있다고 합니다. 하나는 정치·행정·사회적으로 큰 발자취를 남기고 많은 사람들의 입에 오르내리는 사람. 또 하나는…… 음식을 아주 잘 먹는 사람. 그러니까 '위(胃)'가 큰 사람, 말 그대로 '위~대한 사람'이죠.

며칠 전, 한 대학 총장 취임식에서 아주 인상 깊은 축사를 들었습니다. 한 분이 이렇게 말씀하시더군요.

"미국 대학의 총장이 되려면 단순히 위대해서는 안 되고, 위대함을 뛰어넘는 위~대함을 가져야 합니다."

총장은 아침부터 사람들을 만나 학교 발전 방향을 논의하고, 복지 정책도 챙기고, 장학금 기부를 위해 사람들을 만나 설명하고 설득도 해야 합니다. 그러다 보니 식사도 한두 끼가 아닙니다. 아침도 두세 번, 점심도 두세 번, 저녁도 서너 번. 그러니 위가 작은 사람은 총장이 될 수 없다는 겁니다. 그 유쾌한 비유에 저도 모르게 웃음이 나왔습니다. 하지만 그 말에는 깊은 의미가 숨어 있었습니다. 진정한 위대함이란, 남을 받아들이고, 포용하고, 함께하는 에너지라는 것이죠. 사회적 지위에서 오는 위대함도 중요하지만, 사람의 마음을 껴안을 줄 아는 '마음의 위대함', 정신의 너그러움, 배려와 양보, 그리고 봉사하는 태도, 이 모든 것을 함께 가진 사람을 우리는 진짜 "위대한 사람"이라 부를 수 있을 것입니다. 그렇다면 진정한 총장의 자격은, 지식과 명예, 지위뿐만 아니라 '포용할 수 있는 위대함', 그들의 말과 생각을 있는 그대로 안아줄 수 있는 위대함이 아닐까요?

오늘, 내 주변의 누군가에게 따뜻한 말 한마디 건네보세요. 그 한마디가, 그 사람에게는 '마음을 안아주는 위대한 순간'이 될 수도 있지 않을까요?.

여러분의 잔소리를 들려주세요!

책을 읽은 뒤 떠오른 '잔소리'를 적어 이메일(jansolijichimseo@gmail.com)로 보내주세요. 좋은 잔소리를 선정해 '잔소리 지침서' 2집에 함께 수록하고, 해당 도서를 선물하고자 합니다. 많은 참여 부탁드립니다. 선정되신 분께는 개별적으로 연락 드립니다.

잔소리 지침서

2025년 10월 15일 초판 1쇄 발행

지은이 정용주
펴낸이 권이지
편 집 권이지

제 작 금강인쇄
펴낸곳 홀리데이북스

등 록 2014년 11월 20일 제2014-000092호
주 소 서울시 금천구 가산디지털1로 16 가산2차SKV1AP타워 1415호
전 화 02-6223-2302
팩 스 02-6223-2303
E-mail editor@holidaybooks.co.kr

ISBN 979-11-91381-22-1 03810